sous la direction de Celine menen

L'Ingénu

Voltaire

Notes, questionnaires et synthèses
adaptés par **François GARCEAU,**
professeur au Cégep régional de Lanaudière à Terrebonne

établis par **Éric LE GRANDIC,**
agrégé de Lettres modernes, docteur ès Lettres,
professeur au lycée Hoche de Versailles

LES ÉDITIONS
CEC

9001, boul. Louis-H.-La Fontaine, Anjou (Québec) Canada H1J 2C5
Téléphone : 514-351-6010 • Télécopieur : 514-351-3534

Direction de l'édition
Isabelle Marquis

Direction de la production
Danielle Latendresse

Direction de la coordination
Rodolphe Courcy

**Charge de projet et
révision linguistique**
Sophie Lamontre

Correction d'épreuves
Marie Théorêt

Conception et réalisation graphique
Girafe & associés

Illustration de la couverture
Olivier Lasser

Les Éditions CEC inc. remercient le gouvernement du Québec de l'aide financière accordée à l'édition de cet ouvrage par l'entremise du Programme de crédit d'impôt pour l'édition de livres, administré par la SODEC.

L'Ingénu, collection *Grands Textes*

© 2011, Les Éditions CEC inc.
9001, boul. Louis-H.-La Fontaine
Anjou (Québec) H1J 2C5

Dépôt légal: 2011
Bibliothèque et Archives nationales du Québec
Bibliothèque et Archives Canada

ISBN 978-2-7617-3258-1

Imprimé au Canada
1 2 3 4 5   15 14 13 12 11

Imprimé sur papier contenant 100 %
de fibres recyclées postconsommation.

Sommaire

Présentation 5

Voltaire, toujours actuel

Voltaire, sa vie son œuvre 8
    Un jeune homme brillant et provocateur 9
    Voltaire se fait un nom 10
    Auprès de madame du Châtelet 11
    Les voyages et les retraites 13

Description de l'époque: la France du XVIIIᵉ siècle 16
    Quelques renseignements préliminaires 16
    Le contexte social 17
    Le contexte politique 18
    Le contexte philosophique 21
    Les contextes artistique et littéraire 22
    Tableau des caractéristiques de la littérature au siècle des Lumières 25

Présentation du conte 27
    Liens avec la description de l'époque 27
    Liens avec les courants littéraires et philosophiques de l'époque 30

Voltaire en son temps 35
    Chronologie 36

L'Ingénu (texte intégral)

Chapitre premier 45   Chapitre onzième 95
Chapitre second 54   Chapitre douzième 99
Chapitre troisième 59   Chapitre treizième 102
Chapitre quatrième 63   Chapitre quatorzième 109
Chapitre cinquième 68   Chapitre quinzième 112
Chapitre sixième 72   Chapitre seizième 116
Chapitre septième 76   Chapitre dix-septième 120
Chapitre huitième 80   Chapitre dix-huitième 123
Chapitre neuvième 84   Chapitre dix-neuvième 127
Chapitre dixième 89   Chapitre vingtième 135

Test de première lecture 144

L'étude de l'œuvre

Quelques notions de base 146
    Tableau synthèse des caractéristiques du conte philosophique 149
L'étude du conte en s'appuyant sur des extraits 151
L'étude de l'œuvre dans une démarche plus globale 169
Sujets d'analyse et de dissertation 174

Glossaire 177
Bibliographie 180

Voltaire à sa table de travail, 1765.

PRÉSENTATION

Aux yeux du lecteur d'aujourd'hui, quel intérêt peuvent présenter Voltaire, auteur du XVIIIe siècle, et son conte L'ingénu?

Grand écrivain, Voltaire est l'image même de l'intellectuel engagé dans son siècle qui utilise sa plume comme une arme. En homme animé par une valeur fondamentale, la tolérance, il se porte à la défense des victimes d'une justice qui privilégie les puissants. Farouche défenseur de la liberté, il n'hésite pas à se rebeller contre l'autorité et propose de penser le monde autrement. Fort d'une carrière littéraire imposante et jouissant d'une renommée qui le place parmi les grands penseurs du XVIIIe siècle, Voltaire donne, avec *L'ingénu,* une de ses dernières leçons de morale politique.

Ce conte est d'abord la singulière histoire d'un Huron qui n'en est pas vraiment un. Ce Huron, nommé «l'Ingénu», incarne la rencontre des cultures. Il est d'ici et d'ailleurs, «bas-breton» par ses parents et huron parce qu'élevé dans une tribu de Huronie, au Canada. Son heureux caractère et sa spontanéité vigoureuse lui donnent quelque ressemblance avec le «bon sauvage» rousseauiste, sa clairvoyance nous rappelle celle des voyageurs inventés par Montesquieu dans ses *Lettres persanes* (1721).

L'Ingénu n'est cependant ni sauvage ni voyageur de passage; ses aventures évoquent tout simplement son intégration à la société française. Étranger et familier, à bonne distance de la France de Louis XIV – époque où se situe l'histoire – pour en percevoir tous les travers, et suffisamment armé pour dialoguer et débattre avec les Français qu'il rencontre, l'Ingénu se fait le porte-parole du vieux philosophe des Lumières. Par sa bouche, Voltaire exprime son indignation devant les injustices qui perdurent à la fin du règne de Louis XV.

À la lecture de ce récit, le lecteur ressent spontanément qu'il se trouve devant une œuvre d'une étonnante actualité. S'il plaît par sa fantaisie et éclaire l'esprit par son argumentation, ce conte voltairien brouille les pistes du passé et met en scène des thèmes intemporels. Malgré la distance qui le sépare du XVIIIe siècle, le jeune lecteur se reconnaîtra dans les tribulations du personnage éponyme*. Dès son arrivée en France, ce Huron, pas encore corrompu par la société, relève les écarts entre la théorie et la pratique, s'offusque des persécutions religieuses, dénonce les préjugés entretenus au sujet des étrangers et l'arrogance des puissants.

En adoptant le point de vue de l'étranger, Voltaire prend ses distances avec la littérature française qui offrait un portrait très négatif de l'Amérindien et il choisit d'en faire un héros, qui apparaît peu vraisemblable si on tient compte des connaissances actuelles sur les peuples d'Amérique du Nord. Comme c'est la règle chez Voltaire, il a construit un personnage principal sur mesure, en l'occurrence un Huron, pour lui servir de porte-parole.

Bien que *L'ingénu* relève de la fiction, le récit présente néanmoins des liens avec la vie de Voltaire. Mais là n'est pas le principal intérêt de l'œuvre. Voltaire, en vieillissant, semble retrouver ici l'esprit frondeur de la jeunesse, une jeunesse qui ne se contente pas de réponses toutes faites, car elle fait l'expérience difficile de la liberté et de l'amour. *L'ingénu* est en outre l'histoire d'une douce revanche des cultures primitives, soumises à l'assimilation par les pays colonisateurs. Voltaire fustige les adeptes de la «pensée unique», celle de la culture dominante qui impose ses codes et ses valeurs.

L'ingénu propose une réflexion qui transcende son époque et rejoint la nôtre, aux prises avec l'extrémisme religieux*. Dans toutes les religions, des franges ultraconservatrices imposent leur lecture du dogme* religieux au prix des pires atrocités. Voilà un bien triste bilan que Voltaire, s'il vivait aujourd'hui, serait le premier à dénoncer.

Voltaire, toujours actuel

Voltaire, sa vie, son œuvre

François-Marie Arouet, dit Voltaire (1694-1778), gravure de Mollison d'après Largillière.

Faut-il connaître la vie de Voltaire pour comprendre *L'ingénu* ?

Dans l'histoire de la littérature française, Voltaire, François-Marie Arouet de son vrai nom, est sans doute l'écrivain ayant suscité les réactions les plus vives. Il fut autant adulé que détesté de son vivant. Au dix-huitième siècle, les autorités politiques et religieuses le considèrent en effet comme un auteur subversif, voire même scandaleux. Au siècle suivant, les romantiques lui reprochent sa rationalité cynique alors qu'eux privilégient les émotions. Aux yeux de la postérité, Voltaire s'impose pourtant comme l'écrivain-phare du XVIIIe siècle, à l'instar de Victor Hugo pour le XIXe siècle et de Jean-Paul Sartre pour le XXe siècle. Voltaire, tout comme ses contemporains Denis Diderot et Jean-Jacques Rousseau qu'il a côtoyés, est profondément engagé dans son époque. Son œuvre nous parle, encore aujourd'hui, des valeurs de tolérance et de liberté pour lesquelles il s'est battu tout au long de sa vie. Ces deux grandes idées qui jalonnent toute son œuvre sont au cœur du conte *L'ingénu* où elles apparaissent sous leur forme la plus accomplie.

On retiendra aussi du parcours de Voltaire qu'il traduit très bien l'évolution du statut d'écrivain tout au long du XVIIIe siècle. Au début de sa carrière, le jeune auteur cherche la reconnaissance des aristocrates en fréquentant les cafés littéraires et les salons. Apprécié des grands par son esprit, Voltaire ne bénéficie pourtant d'aucune immunité, puisqu'à la moindre provocation trop hardie on peut le bastonner et l'exiler et, surtout, lui rappeler qu'il n'appartient pas à cette noblesse privilégiée. Il ne faut donc pas s'étonner qu'il règle ses comptes dans *L'ingénu* en peignant les nobles comme des parasites du régime royal, installés à demeure à la cour de Versailles. À la fin de sa vie, ce seront pourtant eux qui se déplaceront pour le consulter, lui, le maître de l'opinion publique.

Cependant, conscient du sort qui lui sera réservé s'il s'exprime librement, il va chercher à obtenir la protection du roi de France d'abord, puis de Prusse. En fin de parcours, Voltaire comprendra que le véritable interlocuteur à séduire désormais est ce lectorat qui s'est constitué progressivement au cours du siècle (plus grande circulation des livres, moins d'analphabétisme) et qui a le goût du savoir, avant que ne lui vienne le goût du pouvoir.

Finalement, Voltaire aura pratiqué tous les genres considérés comme nobles à son époque, entre autres la tragédie* et l'épopée*, tout en croyant asseoir sa réputation sur la maîtrise du vers. Or, c'est en excellant dans des genres considérés comme mineurs, en particulier le conte philosophique, c'est en intervenant dans l'opinion publique à l'image des grands reporters d'aujourd'hui et en peaufinant sa prose qu'il va passer à la postérité.

Un jeune homme brillant et provocateur

Né le 21 novembre 1694, sous le règne du roi Louis XIV, François-Marie Arouet est le fils du notaire François Arouet et l'aîné de trois enfants. Ayant grandi dans un milieu bourgeois, il posera sur celui-ci un regard critique allant même jusqu'à renier ses origines lorsqu'il prétend être le fils du poète Monsieur de Rochebrune. Il perd très tôt sa mère, en 1701.

De 1704 à 1711, les jésuites* accueillent le jeune Arouet qui poursuit au Collège de Clermont de brillantes études, au cours desquelles il se lie à des

Tragédie
Pièce de théâtre mettant en scène des personnages importants, et qui suscite chez le spectateur des émotions vives comme la pitié et la terreur. Elle culmine généralement par la mort d'un des protagonistes*.

Épopée
Long poème ou vaste récit en prose narrant les exploits d'un héros ou d'un peuple, et souvent teinté de merveilleux*.

Jésuites
Membres de la Compagnie de Jésus fondée en 1540 par Ignace de Loyola dans le but de redonner à l'Église catholique tout son pouvoir.

* : Cf. Glossaire

camarades issus de la haute aristocratie. L'année suivante, conformément à la tradition familiale, il entame des études de droit et devient, sans grand enthousiasme, clerc de procureur. Son parrain, l'abbé de Châteauneuf, l'introduit dans le monde des cafés littéraires, où se coudoient bourgeois et nobles et où s'établissent les règles du bon goût et de la bonne société. Accompagnant une mission diplomatique en Hollande, il se fait remarquer pour un écart de conduite dans une histoire de séduction. Son père le ramène à Paris et menace de l'exiler à Saint-Domingue, mais François-Marie continue de fréquenter les mondains épicuriens*, engagés dans la recherche du plaisir et du bonheur, et se lance dans la littérature en proposant des poèmes satiriques*. Dans l'un d'eux, il s'attaque au régent Philippe d'Orléans, ce qui lui vaut d'être exilé en 1716, puis emprisonné à la Bastille l'année suivante.

Ces événements permettent déjà de dégager quelques traits marquants de sa personnalité : son goût de la polémique* et sa nature impulsive. Ce caractère bouillant et primesautier le porte à commettre des frasques qui menacent l'avancement de sa carrière dans une société dominée par la noblesse, caste orgueilleuse avec laquelle il entretient des liens ambigus, entre rejet et désir de reconnaissance.

Voltaire se fait un nom

C'est au moment de son incarcération que François-Marie Arouet prend le pseudonyme de Voltaire et écrit une tragédie, *Œdipe*, qui lui vaudra un grand succès à la Comédie-Française. Libéré en 1718, il fréquente l'élite aristocratique et affirme son ambition d'acquérir la gloire tout en évitant les réclusions, notamment en se faisant des alliés qui assureront sa protection. Il compte écrire désormais en s'imposant certaines limites, car il préfère jouer de prudence plutôt que de courir des risques inutiles. En 1723, il écrit une épopée, *La*

Épicurien

Relatif à l'épicurisme, une philosophie qui prône la recherche du plaisir (doctrine du philosophe grec Épicure).

Satirique

Relatif à la satire, écrit qui tourne en dérision les choses ou les gens qu'il critique.

Polémique

Qui est relatif aux positions contradictoires, aux disputes, aux querelles.

*: Cf. Glossaire

Henriade. Mais une querelle avec le chevalier de Rohan en 1726 le renvoie de nouveau à la Bastille puis, deux semaines plus tard, il est exilé en Angleterre jusqu'en novembre 1728. Ce séjour sera pour lui l'occasion d'apprendre l'anglais, d'être séduit par la monarchie constitutionnelle* de découvrir la liberté de pensée et la littérature anglaise, dont le grand Shakespeare.

Dès son retour en France, il s'enrichit par des opérations financières lucratives, qui lui assurent l'indépendance financière et lui donnent un statut qui le prémunit contre des représailles politiques. Plus tard, on lui reprochera son implication dans des entreprises à la limite du légalisme et son intérêt pour la spéculation. Sa fortune personnelle permettra toutefois à Voltaire de ne jamais dépendre des mécènes, ces grands du royaume qui apportent leur soutien financier aux artistes et limitent par le fait même leur liberté d'expression.

Auprès de madame du Châtelet

En 1733, Voltaire rencontre madame du Châtelet, femme de science et de lettres d'une grande intelligence, avec laquelle il entretiendra une liaison amoureuse et intellectuelle pendant seize ans. Voltaire est le seul écrivain des Lumières à vivre une telle relation avec une compagne qui est son *alter ego*, un peu comme Sartre et Simone de Beauvoir. Madame du Châtelet aura un impact considérable sur l'œuvre de son compagnon tout en lui offrant son soutien dans les controverses, entre autres lors de la publication des *Lettres philosophiques* (1734). Ces dernières font l'éloge du régime politique britannique – la monarchie constitutionnelle – et de son économie plus libérale qu'en France, tout en critiquant sévèrement les institutions religieuses anglaises. Son style polémique provoque alors de vives réactions dans la monarchie et le clergé français, lui laissant comme seule solution de se réfugier au château de sa compagne, en Lorraine, où ses admirateurs lui rendent souvent visite.

Monarchie constitutionnelle

Type de régime politique qui reconnaît un monarque élu ou héréditaire comme chef de l'État, mais où une constitution limite les pouvoirs du monarque.

* : *Cf.* Glossaire

Frédéric II de Prusse jouant de la flûte
par Jean Léon Gérôme (1824-1904).

Au cours des dix années suivantes, Voltaire connaît une vie agitée tout en maintenant un rythme intense de production littéraire. Il étend le réseau de ses connaissances en prenant contact avec plusieurs écrivains de l'époque, comme d'Alembert qui dirigera avec Diderot cette colossale entreprise qu'est l'*Encyclopédie*, un bilan des connaissances du siècle. Il entretient une correspondance soutenue qui lui permet d'être régulièrement tenu au courant de ce qui se passe en Europe (surtout à la fin de sa vie, alors qu'il apparaît comme une sorte de grand reporter avant la lettre, toujours à l'affût de ce qui fait l'actualité). Il s'impose un rythme de travail effréné, ce qui étonne surtout ses amis de la noblesse qui font de l'oisiveté un art de vivre. Et, paradoxalement, cet homme qui cherche les honneurs accumule les maladresses et n'arrive jamais à obtenir les bonnes grâces du roi. Aussi doit-il souvent s'éloigner de Paris et trouver refuge notamment chez des princes étrangers, parmi lesquels Frédéric II à Berlin en 1753. Ce dernier le considère non seulement comme un ami, mais aussi comme un conseiller.

Au fil de sa carrière, Voltaire a acquis une solide crédibilité qui influe sur la vision que l'on se fait alors de l'écrivain. Ainsi, de courtisan qu'il était au début du siècle, toujours en attente d'honneurs et de récompenses donnés par le roi, il va finir par acquérir son indépendance ainsi qu'un grand prestige personnel.

Les voyages et les retraites

La vie de Voltaire est une suite de voyages, de haltes et de péripéties dignes d'un personnage de fiction. En 1750, il rejoint la cour de Frédéric II à Berlin. Mais un pamphlet écrit en 1753 lui vaudra un emprisonnement à Francfort, avec sa nièce madame Denis, devenue entre-temps sa maîtresse. Pendant ce séjour tumultueux, Voltaire publie une œuvre historique, *Le siècle de Louis XIV*, et un conte philosophique, *Micromégas*.

Chassé de Prusse et interdit de séjour à Paris, Voltaire erre en Alsace. Fatigué de ces fréquents déménagements, il s'installe finalement en Suisse, en 1755, avec madame Denis dans une propriété qu'il appelle *Les délices*. S'il décide de ne plus voyager, il continue par contre à militer pour les causes qui lui tiennent à cœur et à pourfendre les injustices. Ainsi, frappé par le tremblement de terre de Lisbonne survenu en 1755, il publie l'année suivante le *Poème sur le désastre de Lisbonne ou Examen de cet axiome : «Tout est bien»*, prélude à son célèbre *Candide*.

En 1758, Voltaire achète le château de Ferney, près de la frontière suisse, où il s'installe définitivement avec madame Denis et où ses admirateurs viennent le visiter. Il participe à la prospérité du pays en faisant défricher les landes, assécher les marais et en développant des manufactures de soierie. Retiré dans son château, Voltaire se fait toujours un devoir de dénoncer les injustices, réussissant parfois une spectaculaire réhabilitation comme dans l'affaire Calas (1762-1765), mais échouant aussi comme en témoigne l'exécution du chevalier de La Barre (1765). Tout au long de cette période fort active, il écrit sans relâche : *Candide*, composé en 1758, qui obtient un immense succès l'année suivante ; le *Traité sur la tolérance* (1763) et le *Dictionnaire philosophique* (publié en 1764 après dix ans de travail) ; *L'ingénu* (1767) et les contes *L'homme aux quarante écus* et *La princesse de Babylone* (1768) ; les *Questions sur l'«Encyclopédie» par des amateurs* (1770-1772), œuvre qui constitue une imposante compilation dans laquelle Voltaire fait le point sur ses réflexions. Mais, en 1773, un problème de santé diminue beaucoup sa capacité de travail.

En 1778, âgé de quatre-vingt-quatre ans, Voltaire revient à Paris d'où il avait été chassé, et on célèbre en lui l'auteur dramatique, le conteur et le défenseur des victimes de l'absolutisme royal. Il y meurt le 30 mai de la même année. Même après sa mort, il est l'objet de controverses : son inhumation en terre chrétienne est refusée. Finalement, son neveu, l'abbé Mignot, parvient à le faire enterrer dans son abbaye en Champagne. L'Académie française ne fut pas autorisée à célébrer une messe des morts (*requiem*) en son honneur.

Le 11 juillet 1791, le transfert de ses cendres au Panthéon est l'occasion d'une fête révolutionnaire.

- Écrivain et philosophe (dans le sens où l'on entend ce mot au XVIIIe siècle alors que tous les écrivains se disent philosophes), Voltaire est un « intellectuel » typique du siècle des Lumières : il veut éclairer les esprits en répandant les idées, mais aussi en suscitant l'esprit critique et en condamnant l'intolérance, les superstitions et les injustices.
- Voltaire, esprit polémique : il attaque les confrères dont il ne partage pas la vision, entre autres Leibniz, mais cela ne l'empêche jamais d'affirmer fortement sa solidarité avec les intellectuels de son siècle.
- Voltaire humoriste : il ridiculise ses ennemis, les jésuites et le clergé, en soulignant leurs travers et leurs contradictions.
- Voltaire, premier reporter : puisant dans l'actualité de son époque, Voltaire, comme ailleurs dans ses contes philosophiques, choisit une prose alerte et concise pour s'adresser à son lecteur.

À retenir

Description de l'époque : la France du XVIIIe siècle

Monarchie absolue

État gouverné par un roi qui hérite du pouvoir sans être élu, qui considère le tenir de droit divin et n'avoir de compte à rendre qu'à Dieu.

Merveilleux

Le merveilleux se caractérise par la présence d'un décor et d'événements surnaturels qui, à la différence du fantastique, ne suscitent aucun trouble chez le lecteur.

Réalisme

Parti pris esthétique qui privilégie une représentation exacte de la réalité.

> **Qu'importe-t-il de connaître de la France du XVIIIe siècle pour mieux comprendre Voltaire ?**

Quelques renseignements préliminaires

Voltaire est un auteur engagé dans son époque. C'est la raison pour laquelle ses contes philosophiques, bien qu'ils présentent une action antérieure au XVIIIe siècle, traitent pourtant directement de ce siècle. À titre d'exemple, l'action de *L'ingénu* se situe en 1689, époque où règne le Roi-Soleil, Louis XIV. Mais Voltaire ne trompe pas le lecteur qui sait très bien que cette distance historique n'est qu'un habile subterfuge pour montrer que les problèmes de la monarchie absolue* française se sont perpétués d'un siècle à l'autre. Sans abandonner complètement l'idée de brouiller les pistes quant à la paternité de ses œuvres afin de se protéger de la censure, Voltaire offre dans *L'ingénu* une mise en scène surprenante participant du merveilleux* (un Huron débarque en France, retrouve des parents, etc.) à laquelle il intègre une note de réalisme*, ce qui est une innovation dans ce genre littéraire. En effet, l'action ne se déroule pas en terre étrangère, mais en France, au XVIIe siècle. Le présumé auteur (le père Quesnel) est lui aussi Français et contemporain de Louis XIV. Cette façon de faire de Voltaire installe une distance qui donne une plus grande véracité et une plus grande acuité au jugement qu'il pose sur ses contemporains. Certes, *L'ingénu*

*: Cf. Glossaire

est *a priori* l'histoire d'un Huron ayant quitté l'Amérique pour l'Europe, mais en filigrane s'écrit çà et là l'histoire d'une France immobilisée par le dogme* et la superstition.

Le contexte social

Si l'on se réfère à la notion de classes sociales pour analyser une époque, on peut affirmer que l'aristocratie domine l'Ancien Régime, soit l'époque précédant la révolution de 1789. Cette classe a hérité ses privilèges du système féodal qui prévalait au Moyen Âge. À cette époque, l'ensemble des seigneurs jouissait d'un pouvoir énorme sur les habitants de leur domaine, tout en ayant pour devoir de les protéger, en cas de guerre par exemple. La noblesse jouit de nombreux privilèges, dont celui de ne jamais payer de taxes, ce qui a des répercussions sur la dette nationale qui ne cesse d'augmenter.

Outre la noblesse, la société du XVIIIe siècle comprend deux autres ordres : le clergé et le tiers état. La majorité des membres du haut clergé sont issus de la noblesse ; propriétaires de grands domaines, ils sont aussi exempts de taxes. Une des principales causes d'insatisfaction à cette époque est le fait que la noblesse remplit de moins en moins son rôle tout en coûtant cher à l'État. À certains égards, on la considère comme un parasite puisqu'elle est l'ordre le moins productif. En revanche, la bourgeoisie montante prend de plus en plus de place, mais la noblesse bloque son accès au pouvoir. La cour n'est pourtant plus le centre d'attraction unique et incontournable ; les lieux de culture et de socialisation comme les salons tenus par des grandes dames se multiplient. Peu à peu, le savoir devient plus accessible par les livres et les journaux, bien que trois personnes sur quatre soient encore analphabètes.

La société française du XVIIIe siècle est dans le prolongement du siècle précédent. Le roi est l'autorité

Dogme

Point d'une doctrine philosophique ou d'une religion considéré comme une vérité incontestable et fondamentale. Le dogme doit être appris, respecté, et ne doit pas être discuté.

suprême et ne rend compte de ses décisions qu'à Dieu. Le pouvoir royal se transmet de père en fils. L'aristocratie jouit des privilèges hérités du féodalisme ou accordés par le roi; en retour, elle jure fidélité au monarque et profite de son immense pouvoir sans cesser pourtant d'être une menace pour l'autorité royale.

Tirant profit de l'expansion des marchés économiques, la bourgeoisie, ambitieuse et besogneuse, investit toutes les sphères de la société. Au service des classes supérieures, le peuple, qui constitue la majorité de la population, est démuni et confiné dans l'ignorance.

Le contexte politique

Plusieurs indices laissent pourtant présager le changement qui surviendra en 1789 avec la Révolution. La France vit les dernières décennies du régime de la monarchie absolue. Ce modèle politique concentre le pouvoir dans les mains du roi, ce qui implique un fonctionnement en vase clos et la culture du secret. Les voix discordantes se font entendre, mais elles sont au début du siècle faibles et peu nombreuses. Ainsi, les bourgeois réclament de l'autorité royale qu'elle libéralise le commerce et supprime les contraintes, souvent associées aux privilèges des nobles, qui nuisent à la libre circulation des biens. Le peuple, quant à lui, ne veut pas encore être libre, mais il souhaite améliorer sa condition. Lentement mais sûrement, le mouvement vers la république démocratique est lancé et culminera dans la révolution du 14 juillet 1789.

Cependant, du temps de Voltaire, surtout sous le règne de Louis XV (1722-1774), le roi est bien affermi dans ses positions et réagit à toute attaque contre sa souveraineté. La grogne se fera plus forte sous Louis XVI (1774-1792). Mais Voltaire ne connaît que les quatre premières années de ce règne, alors que ce roi se montre un jeune homme timide, mal préparé à régner. Au cours de la décennie 1760, deux célèbres affaires auront eu pour toile de fond l'intolérance religieuse, celle du chevalier de La Barre et celle du protestant Jean Calas, qui soulèvent l'opinion publique. Voltaire se porte très vite à la défense de chacun d'eux. Préalablement torturés, les deux hommes sont reconnus coupables et exécutés rapidement au terme de procès fortement médiatisés. Se portant à la défense de Calas injustement exécuté, Voltaire publiera en 1763 son célèbre *Traité sur la tolérance à l'occasion de la mort de Jean Calas.*

Voltaire dénonce l'intolérance religieuse, dénominateur commun des deux affaires, qui met en lumière un système judiciaire arbitraire et corrompu. Aucune des violentes attaques qu'il subit alors n'arrive à entraver la résolution du patriarche de Ferney qui réussit le tour de force de faire réhabiliter Calas et sème de sérieux doutes quant à la culpabilité de La Barre (qui sera réhabilité le 15 novembre 1794).

Par ailleurs, la rivalité s'accentue entre les grandes puissances européennes qui tentent d'étendre leur influence aux territoires d'outre-mer. La France, s'allie à l'Autriche, à la Russie, à la Suède et à la Pologne pour s'opposer à l'Angleterre et à la Prusse au cours de la guerre de Sept ans qui s'achèvera le 10 mai 1763 par le traité de Paris. La France doit alors céder, entre autres, le Canada et la plupart de ses possessions en Inde.

Au cours de cette guerre, Voltaire tient des propos méprisants au sujet du Canada, aussi appelé Nouvelle-France et Acadie. Il le décrit une première fois comme un « pays couvert de neiges et de glaces huit mois par année, habité par des barbares, des ours et des castors[1] ». En 1756, il souhaite même que le « tremblement de terre de Lisbonne eût englouti cette misérable Acadie[2] » ! De sa retraite des *Délices* où il poursuit son œuvre tout en jouissant de la vie, il plaint « ce pauvre genre humain qui s'égorge dans notre continent à propos de quelques

1. *Essai sur les mœurs et l'esprit des nations* (1753).
2. *Lettre à François Tronchin* (1756).

arpents de glace en Canada[3] ». Dans *Candide*, la glace se transforme en neige (« quelques arpents de neige ») pour devenir la plus célèbre phrase de Voltaire concernant notre pays, largement citée par la suite. Certes, il est difficile de lire ces commentaires aujourd'hui sans éprouver un certain malaise : notre économie est prospère, notre gouvernement est démocratique et nous jouissons d'une qualité de vie comparable à celle qui prévaut en France. Qui aurait pu prédire cela en 1760 ? Il faut pour comprendre ces commentaires les situer dans le contexte d'une guerre si dramatique pour la France que les colonies perdent de leur intérêt. Voltaire écrit même : « Je suis comme le public, j'aime mieux la paix que le Canada, et je crois que la France peut être heureuse sans Québec[4]. » En somme, il ne fait que reprendre des opinions assez répandues.

À retenir

- Au cours du XVIIIe siècle, les philosophes qui voyagent sont mis en contact avec d'autres formes de gouvernement ; ils remettent sérieusement en cause le régime monarchique tel qu'il s'exerce en France.

- Les Lumières sont celles de la raison et de la science, qui rejettent toute forme de dogmatisme. Elles fustigent l'intolérance religieuse. Ainsi, Voltaire réussit à réhabiliter deux victimes injustement exécutées.

- Débutée en 1756, la guerre de Sept ans oppose la France et ses alliés à l'Angleterre et à la Prusse. Après les défaites françaises en Allemagne (Rossbach), au Canada (chute de Québec en 1760) et en Inde, elle s'achève par le traité de Paris (1763).

---

3. *Lettre à Monsieur de Moncrif* (1757).
4. *Lettre à Gabriel de Choiseul* (1762).

Le contexte philosophique

Au XVIIIᵉ siècle, la philosophie contribue à la révolution des idées. Si peu de philosophes remettent en cause le principe de Dieu, il s'en trouve pour douter de l'intervention divine dans les affaires du monde. Par la logique, il est possible d'éclairer le sens des mythes, de relativiser la portée des dogmes tout en dénonçant les superstitions les plus enracinées. Plusieurs philosophes, partout en Europe, apportent ainsi leur contribution à la connaissance, parmi lesquels Pope, Locke et le scientifique Newton.

Le philosophe du siècle des Lumières fréquente les salons, les cafés littéraires, bref tous les lieux où les idées foisonnent et les bons mots sont de mise. En effet, pour se distinguer au XVIIIᵉ siècle, il faut qu'un homme soit cultivé et capable de discourir en société. Pour convaincre, critiquer et plaire, la langue devient l'instrument privilégié dont use le philosophe auprès de ses amis et admirateurs, et contre ses ennemis et calomniateurs. C'est ce qui explique notamment la large place laissée au dialogue dans la littérature du XVIIIᵉ siècle. Voltaire lui-même échangera plus de vingt mille lettres avec les philosophes et hommes d'esprit de son temps. Les cours d'Europe l'accueillent – Voltaire va en Angleterre et fait deux séjours à Berlin, Frédéric II, roi de Prusse (1741, 1750-1753), lui ayant offert l'hospitalité. Il constate que ce monarque concilie l'exercice du pouvoir avec une forme d'ouverture. C'est ce genre d'homme d'État qu'espère rencontrer l'Ingénu lorsqu'il se rend à Versailles pour défendre les huguenots devant Louis XIV.

Le modèle anglais séduit particulièrement Voltaire, puisque le roi doit composer avec un Parlement. À cela s'ajoutent des progrès notables enregistrés dans le système judiciaire, comme l'obligation de faire passer tout suspect devant un juge après une arrestation (*habeas corpus*). Montesquieu s'inspire de ce modèle et propose, dans *De l'esprit des lois* (1748), la séparation des pouvoirs exécutif, législatif et judiciaire.

Rousseau introduit de son côté le mythe du bon sauvage, selon lequel la société corrompt les hommes en les éloignant de leur état naturel. Il sert de fondement à une vision plus libertaire de l'éducation. Si l'idéalisation du sauvage trouve ses adeptes, elle n'émeut pas pour autant Voltaire qui transmet avec humour son désaccord à Rousseau: «J'ai reçu, Monsieur, votre nouveau livre contre le genre humain, et je vous en remercie. Vous plairez aux hommes, à qui vous dites leurs vérités, et vous ne les corrigerez pas. On ne peut peindre avec des couleurs plus fortes les horreurs de la société humaine, dont notre ignorance et notre faiblesse se promettent tant de consolations. On n'a jamais employé tant d'esprit à vouloir nous rendre bêtes; il prend envie de marcher à quatre pattes, quand on lit votre ouvrage.»

Les contextes artistique et littéraire

Le siècle s'ouvre dans le prolongement des deux esthétiques majeures du siècle précédent, le baroque et le classicisme. Si la première moitié du siècle voit le baroque en architecture et en sculpture se raffiner dans le détail et la profusion d'ornements, la seconde moitié adopte une forme plus sobre, inspirée du classicisme: le néo-classicisme. En peinture, Watteau, peintre passé maître dans les œuvres pastorales, Boucher, réputé pour ses couleurs vives, et Fragonard, privilégiant les gestes expressifs et les drapés en mouvement, sont de la première esthétique; David, qui se tourne vers les sujets mythologiques et la Révolution, Gros et Ingres, qui préfèrent la peinture d'histoire, les portraits et les nus féminins, sont de la seconde.

Contexte

Bientôt pourtant, la littérature du XVIIIᵉ siècle va s'éloigner du classicisme, sauf la poésie qui s'en tient aux règles classiques comme mesures de beauté. Le théâtre emprunte des formes moins rigides, plus légères, comme l'illustre Marivaux dans ses comédies (*Le jeu de l'amour et du hasard*), qui demeurent toutefois sous le sceau de la bienséance*. Beaumarchais (*Le barbier de Séville* et *Le mariage de Figaro*) réussit le double pari de séduire et de faire réfléchir une société qui, progressivement, remet en question ses fondements.

Le roman, qui trouve sa place dans la hiérarchie des genres littéraires, adopte des formes et tonalités variées. Il est picaresque* chez l'abbé Prévost (*Manon Lescaut*), épistolaire* chez Montesquieu (*Lettres persanes*) et de Laclos (*Les liaisons dangereuses*), introspectif dans *Jacques le fataliste et son maître* de Denis Diderot. Rousseau invente un nouveau genre, l'autobiographie*, avec *Les confessions* et *Les rêveries du promeneur solitaire*.

De son côté, le conte se classe parmi les genres mineurs associés au divertissement. Voltaire lui donne une nouvelle orientation en le rapprochant de l'essai philosophique. En effet, l'essai se distingue comme l'outil par excellence pour observer la société et critiquer son fonctionnement à travers le prisme de la raison. Que ce soit Montesquieu, Voltaire, Rousseau ou Diderot, chacun manifeste le désir de combattre le fanatisme* religieux. Pour cette raison, ils collaborent tous aux travaux de l'*Encyclopédie*, dirigée par Diderot et d'Alembert, dont l'ambition était de faire la synthèse des savoirs pour ébranler le socle des traditions. Le résultat est stupéfiant : les grands penseurs du moment contribuent à ce véritable monument de la pensée du XVIIIᵉ siècle qui compte des milliers d'articles accompagnés de gravures portant sur des sujets variés, techniques autant que philosophiques.

De façon plus générale, de nombreuses caractéristiques se dégagent des écrits du XVIIIᵉ siècle, notamment

Bienséance

Ensemble des règles qu'il convient de respecter.

Picaresque

Qui a les caractéristiques d'un genre littéraire espagnol décrivant les aventures de héros populaires aux prises avec toutes sortes de difficultés, et critiquant les mœurs et l'ordre établi.

Épistolaire

Qui appartient au genre de la lettre (correspondances éditées en tant qu'œuvres littéraires).

Autobiographie

Genre littéraire où l'auteur est le personnage principal.

Fanatisme

Adhésion exaltée à une religion ou à une idéologie.

* : *Cf.* Glossaire

la liberté de pensée et la liberté de mœurs. L'écrivain des Lumières dénonce les préjugés et les idées reçues en s'appuyant sur la science. Il a un goût certain pour l'interdit, proposant parfois des sujets audacieux qui déclenchent des scandales. On tente de concilier la recherche du bonheur individuel avec le bien-être collectif et on privilégie le plaisir sur terre au salut éternel. Quant au style, il est fait de clarté et d'ironie*, mêlées à une tonalité sensible et optimiste. L'écrivain a le souci de rallier le lecteur à sa cause en vulgarisant les éléments théoriques ou en optant pour la confidence dans les récits. L'art a une utilité sociale : les écrivains croient en leur pouvoir d'intervention.

Ironie

Manière de se moquer en laissant entendre le contraire de ce que l'on dit.

À retenir

- Les auteurs du XVIIIe siècle prônent une grande liberté de pensée et de mœurs.
- Les auteurs tentent de se rapprocher des lecteurs en vulgarisant les théories ou en optant pour la confidence dans le récit.
- L'art a une utilité sociale.

*: *Cf.* Glossaire

Tableau des caractéristiques de la littérature au siècle des Lumières

Époque, principaux représentants et genres privilégiés	**Un siècle d'idées, en marche vers la Révolution.** Le XVIIIe siècle favorise les formes hybrides : le drame (mélange de comique et de tragique), la comédie sentimentale (un comique subtil qui fait moins rire que réfléchir), le conte philosophique (à la frontière entre récit et essai). **En France :** Montesquieu, Voltaire, Diderot, Jean-Jacques Rousseau, Beaumarchais, Marivaux et autres. **Au Québec :** Jacques Ferron transpose au XXe siècle l'esprit des Lumières en adoptant et en adaptant notamment la forme du conte philosophique.
Caractéristiques générales Fiction au service de l'argumentation	• Les écrivains favorisent une écriture militante qui fait réfléchir sur les faits de l'actualité ; ils aiment illustrer les « jeux de l'amour et du hasard ». • L'humour et l'esprit critique sont au service de la polémique. • La problématique politique occupe une place prépondérante, car il s'agit non plus de viser le paradis céleste, mais plutôt de rendre accessible aux hommes le bonheur terrestre.
Intrigues au service d'une vision philosophique	• Les personnages sont les porte-parole des idées de l'auteur dans la polémique des idées. • Au théâtre, le représentant du peuple est un valet débrouillard et revendicateur ; le maître, un profiteur libertin. • Les déguisements et les jeux de masques illustrent à la fois les inquiétudes individuelles et la fragilité de la structure sociale.

Tableau des caractéristiques de la littérature au siècle des Lumières (suite)

Thématique de revendication et de quête du bonheur	• Au théâtre, l'intrigue illustre les conflits entre maîtres et valets, ainsi que la quête du bonheur et de la justice sociale. • Dans la prose, une dénonciation des abus de pouvoir et des superstitions, sinon même de la religion. • L'amour se conjugue avec l'érotisme et les jeux de la séduction. • L'analyse psychologique se raffine, surtout au théâtre.
Style qui préfère la raison et qui pratique l'humour tout en explorant de nouvelles formes	• La prose s'impose au détriment de la poésie. • Style alerte et audacieux dans les raisonnements. • Goût pour l'humour et les jeux de mots brillants. • Tonalité optimiste.

Présentation du conte

Quels liens peut-on établir entre L'ingénu **et l'ensemble de ces connaissances ?**

Fruit d'une imagination prodigieuse, le conte L'ingénu est une œuvre fortement enracinée dans son époque. Qu'elle apparaisse au lecteur du XXIe siècle d'une surprenante actualité nous rappelle que la question du fanatisme religieux est loin d'être réglée, malgré les progrès de la science et l'accès généralisé à l'éducation.

Liens avec la description de l'époque

Le fait que l'intrigue se situe en 1689 pourrait laisser croire que Voltaire avait pour projet de dépeindre le XVIIe siècle, ce qui est partiellement le cas.

Le conte fait effectivement référence à des événements du règne de Louis XIV, notamment la révocation de l'édit de Nantes (1685) qui frappe d'interdiction le protestantisme en France. Voltaire sait que le Roi-Soleil a dû composer avec la très puissante Compagnie de Jésus qui manœuvre en coulisses pour s'ingérer dans les affaires de l'État. Voltaire transpose ainsi dans son conte ces tensions entre le pouvoir royal et les jésuites, parmi lesquels se recrutent souvent les confesseurs des princes du royaume. Par l'intermédiaire du Huron, il plaide la cause des huguenots, nom donné aux adeptes du protestantisme en France. Dans cet épisode, Voltaire rejette toute neutralité et s'engage résolument du côté des protestants. Cette subjectivité s'illustre en outre par l'évocation de la cour de Versailles décrite dans son absurde hiérarchie et ses intrigues farfelues. Mais si

Voltaire s'ingénie à relever les défauts du Grand Siècle, c'est qu'ils perdurent à son époque.

Sous de nombreux aspects, c'est effectivement au XVIIIe siècle que le récit fait allusion. D'abord, Voltaire témoigne de l'attrait de ses contemporains pour l'Amérique en créant son personnage de Huron. On croyait à tort que l'homme sauvage était inférieur sur le plan intellectuel. Or, Voltaire, comme les Lumières, estime que le jugement de l'homme naturel est bon parce qu'il n'est pas corrompu. Ceci explique que dans *L'ingénu* la supériorité intellectuelle de l'Européen n'est en aucun moment confirmée. Toutefois, l'Ingénu s'éloigne de la figure rousseauiste du bon sauvage. Voltaire propose plutôt une version «civilisée» de l'indigène. L'Ingénu est un Amérindien fortement «francisé» par ses origines, qui manifeste une vive intelligence et une grande curiosité culturelle. Les remarques de l'Ingénu font certes preuve de naïveté, mais elles sont judicieuses en mettant en relief plusieurs incohérences touchant la politique, la religion, la culture. Voltaire montre ainsi que les Européens ont beaucoup à apprendre au contact des autres peuples, à condition qu'ils se défassent de leurs préjugés.

Dans le chapitre X où l'Ingénu entre en relation avec le janséniste* Gordon, le récit s'emploie à détruire plusieurs certitudes : ainsi l'école véhicule souvent un enseignement faux reposant sur des préjugés. Elle aveugle plutôt qu'elle n'éclaire l'esprit des élèves. Au contact de l'Ingénu, le janséniste est appelé progressivement à faire table rase de ses certitudes et de son dogmatisme*. Le lecteur est témoin d'un rare prodige : un Huron convertit un janséniste. L'apprentissage n'est donc pas à sens unique, bien au contraire puisque c'est l'Européen qui constate que ses idées ne sont peut-être que sombres chimères (chapitre XIV). Ainsi, sauf de fugaces références au Nouveau Monde, notamment aux mœurs anthropophages et polygames de la Huronie, la fiction concerne totalement une problématique européenne.

Janséniste

Défenseur du jansénisme, doctrine religieuse de Cornelius Jansen (1585-1638), ou Jansénius, qui s'inspire de saint Augustin. Le jansénisme proclame que la grâce (don de Dieu qui permet de mener une vie pieuse) n'est donnée qu'à un petit nombre d'élus dont le salut de l'âme est garanti, et que la nature humaine est marquée par le péché originel.

Dogmatisme

Attitude qui consiste à faire de ses propres convictions des vérités incontestables, à refuser la discussion et l'analyse critique.

*: Cf. Glossaire

Par rapport à la religion, Voltaire pense que toutes les croyances sont sources de guerre et de malheur. Comme remède à ces maux, il affiche sa foi en un Dieu créateur du monde qui laisse toutefois aux hommes le soin de prendre en charge leur existence terrestre. C'est là l'opinion défendue par l'Ingénu lorsqu'il discute avec Gordon de l'être éternel (chapitre X). La religion impose des dogmes et des certitudes. Le philosophe préfère quant à lui le discours scientifique qui n'a que faire des vérités imposées par l'autorité et qui prône plutôt les vérités établies par démonstration.

Dans les chapitres où Mlle de Saint-Yves devient la figure centrale du récit, Voltaire propose une critique féroce d'un pouvoir monarchique arrogant, incapable de reconnaître les injustices dont il s'est rendu coupable. Il en profite aussi pour dénoncer les mœurs des courtisans. Le philosophe trouve le moyen de se démarquer d'une morale traditionnelle héritée du stoïcisme* et reprise par le christianisme : il n'est pas nécessaire de rester impassible devant la mort, on peut sans honte faire preuve de sensibilité. Il discute en outre du thème du suicide. Selon Voltaire, Dieu ne se préoccupe pas des vies individuelles et ne juge pas de la conduite de chaque être humain. Il n'est donc pas vrai qu'on dérange l'ordre de la Providence en se suicidant.

Par ailleurs, Mlle de Saint-Yves traduit aussi une vision de la femme éloignée de la conception actuelle. Ce personnage ne se définit que par sa relation à son amant; elle n'a d'autre préoccupation que le salut de son imprévisible amoureux. Les hommes avec qui elle entre en contact la réduisent à l'état d'objet sexuel. Après avoir cédé aux avances de l'un d'entre eux pour sauver son amant, le sort qui lui est réservé n'est guère enviable : elle meurt écrasée par le poids de la culpabilité. Sa mort, bien vite oubliée, sert à nourrir l'optimisme de l'Ingénu qui en déduit la devise suivante : « malheur est bon à quelque chose » !

Stoïcisme

Philosophie de la Grèce antique qui recommande l'acceptation sereine des coups du sort et le détachement vis-à-vis aussi bien des souffrances que des plaisirs.

* : *Cf.* Glossaire

Liens avec les courants littéraires et philosophiques de l'époque

L'ingénu se présente en fait comme une des plus intéressantes illustrations de la littérature des Lumières. Il répond en général à la plupart des caractéristiques du conte philosophique. Le Huron, à l'instar de Zadig*, est un personnage dont le jugement est juste et qui ne sait pas mentir. Suivant le modèle de l'étranger qui pose un regard neuf sur la société française tel que Montesquieu l'avait conçu dans les *Lettres persanes* (1721), le Huron fraîchement débarqué en Bretagne ne dissimule jamais sa pensée, il débusque les anomalies et les subterfuges avec habileté et il le fait candidement, mais toujours de façon pertinente. Il observe tout en exerçant son esprit critique, sans jamais rien tenir pour acquis. Il se distingue de ses interlocuteurs français, agités et bavards. Le Huron a une capacité d'adaptation hors du commun, signe d'une intelligence prisée par le philosophe des Lumières. Il a appris le français sans difficulté en Huronie et l'a perfectionné en Angleterre. Il a assimilé assez d'anglais pour connaître par cœur des morceaux de Shakespeare.

L'originalité du Huron de Voltaire tient donc au fait qu'il se situe, intellectuellement, dans le courant de la pensée des Lumières qu'il répand partout en l'incarnant. En effet, Voltaire a fait de son héros le porte-parole de ses idées et il a privilégié un personnage d'étranger parce qu'il pouvait profiter d'une certaine distance critique pour observer la société française. Il donne une grande place au dialogue dans son conte parce qu'il permet la discussion si chère aux écrivains des Lumières. Par ailleurs, les anecdotes sont enchaînées librement, et Voltaire déplace même le centre d'intérêt en cours d'intrigue, passant des aventures du Huron à la quête de sa bien-aimée. On retrouve enfin les thèmes de prédilection du siècle des Lumières, soit le bonheur terrestre et la justice.

Zadig

Personnage éponyme* de *Zadig ou la Destinée*, conte écrit par Voltaire en 1748.

*: *Cf.* Glossaire

L'humour voltairien

Enfin, Voltaire partage avec ses contemporains le goût de l'humour. L'une des cibles de prédilection de Voltaire est sans contredit le clergé catholique. Il met en scène des prêtres amoraux, ivrognes, serviles et de mauvaise foi. Par exemple, il fait allusion au libertinage des membres du haut clergé (chapitre VIII) et signale que le prieur de Kerkabon est le seul ecclésiastique de la contrée à ne pas s'enivrer. Le narrateur lui-même ne croit pas que l'archevêque de Paris est enfermé avec une dame «pour les affaires de l'Église»... Mais Voltaire est encore plus intransigeant avec les jésuites dont il ridiculise un des représentants, le père Tout-à-tous. Son nom même prend une résonance particulière : le jésuite accommodant est prêt à accorder tout à tous ceux qui sont bien placés dans la société. En la persuadant d'accepter un ignoble marché, n'a-t-il pas livré Mlle de Saint-Yves à l'influent Saint-Pouange ? La cour de Versailles n'échappe pas à non plus à sa vindicte. La justice condamne les hommes sans les entendre – on croit revivre ici les affaires judiciaires dans lesquelles Voltaire est intervenu. Finalement, la province est elle aussi objet de raillerie lorsque Voltaire se moque du comportement dévot, arrogant et ignorant des Bas-Bretons.

Voltaire utilise en fait tous les registres de l'humour. Il peut être enjoué quand il s'adonne au plaisir des jeux de mots comme en témoigne l'*incipit** du roman, en particulier le premier paragraphe où Voltaire s'amuse à personnifier une montagne. Voltaire ne dédaigne pas non plus l'humour grivois* : il prend plaisir aux situations équivoques et joue sur les sous-entendus à caractère sexuel comme dans la scène où le héros se baignant nu est observé par des femmes très curieuses (chapitre III). Enfin, Voltaire ne recule pas devant l'humour burlesque* qui se manifeste dans les scènes de combat où se révèle la force herculéenne du Huron. Finalement, le conte témoigne d'une tonalité optimiste. Le Huron

Incipit

Mot latin signifiant «(il) commence», il désigne le premier vers d'un poème, puis par extension le début d'un ouvrage littéraire.

Grivois

Ton ou plaisanterie licencieux, faisant allusion à la sexualité.

Burlesque

Parodie* du registre* épique : on fait parler et agir des héros nobles de manière vulgaire, dans l'intention de faire rire.

*: *Cf.* Glossaire

ne tire-t-il pas comme conclusion à ses aventures la devise suivante : « malheur est bon à quelque chose » !

L'influence du roman sentimental

La satire, bien qu'elle constitue un élément essentiel de l'œuvre, s'estompe au moment de l'arrestation de l'Ingénu. Le ton n'est plus propice à la moquerie ni au sarcasme. Le comique disparaît pour laisser place aux sentiments, ce qui est en soi une nouveauté chez Voltaire qui les dédaignait jusqu'à maintenant dans ses contes. L'œuvre revêt alors un ton pathétique* à travers lequel transparaissent toujours un sens de l'observation et un regard critique. Et cela indique l'influence des romans sentimentaux fort populaires dans la seconde moitié du siècle. Dans les œuvres de ce type, entre autres *Manon Lescaut* de l'abbé Prévost (1731) et *La nouvelle Héloïse* de Rousseau (1761), on retrouve invariablement des amants séparés, des obstacles insurmontables à leur réunion et des ennemis qui s'opposent à eux (on pense ici au bailli et à son fils, à l'abbé de Saint-Yves, aux jésuites). Voltaire, suivant son habitude, adapte le roman sentimental comme bon lui semble. Son héroïne n'est pas passive comme il est coutumier dans les romans sentimentaux : Mⁱⁱᵉ de Saint-Yves tente – par des moyens somme toute très féminins – de libérer son amant reclus dans une prison.

À partir du moment où le héros est emprisonné, la belle Saint-Yves occupe le premier plan du récit. Voltaire prend soin de décrire ses états d'âme soulignant son courage passionné. Le lexique sentimental abonde pour dépeindre ce qu'elle éprouve en entendant les « propositions délicates » de Saint-Pouange : elle est presque évanouie, elle ne peut plus parler, elle peine à respirer (chapitre XV). Tant les paroles de Saint-Pouange que celles du jésuite et de la dévote auront sur elle de grands effets. C'est pourquoi « elle succombe par vertu », puis prononce ses dernières paroles au chapitre XX. L'émotion ne clôt pas l'œuvre comme c'est

Pathétique

Registre destiné à éveiller une forte émotion.

* : *Cf.* Glossaire

souvent le cas dans le roman sentimental. La raison (sinon même un certain cynisme!) prend à la fin le dessus: Saint-Pouange «connut le repentir», prouvant que le Mal est toujours puni; l'Ingénu, tenté par l'idée du suicide, accepte le sort réservé à son amante. Finalement, Voltaire revient à son naturel rationnel qui le porte à conclure que «malheur n'est bon à rien!».

- *L'ingénu* reprend les thèmes des Lumières; la pensée critique, la dénonciation d'une société injuste, la promotion de la liberté et la recherche de la vérité.
- Les philosophes des Lumières sont fascinés par l'Amérique et émettent cette idée qu'exploitera particulièrement Jean-Jacques Rousseau que l'homme est naturellement bon. Voltaire présente plutôt ici un sauvage qui fait l'apprentissage de la civilité sans jamais perdre ses qualités fondamentales de bonté et d'intelligence.
- Voltaire pratique plusieurs types d'humour: satirique, enjoué, grivois, burlesque. Il se moque du clergé, plus précisément des jésuites et de la cour de Versailles.

À retenir

Voltaire
en son temps

	Vie et œuvre de Voltaire	Événements historiques	Événements culturels, et scientifiques
1694	Naissance à Paris de François-Marie Arouet.		
1704	Élève au collège Louis-le-Grand (→1711). Brillantes études.		Traduction des *Mille et une nuits* par Galland.
1710			Leibniz publie en français ses *Essais de théodicée*.
1715		Mort de Louis XIV. Régence du duc d'Orléans.	
1717	Est emprisonné à la Bastille pour des poèmes contre le régent.		
1718	La tragédie *Œdipe* est jouée avec succès à la Comédie-Française. Prend le pseudonyme de Voltaire.		
1720		La peste ravage la Provence (85 000 morts).	Antoine Watteau peint *Pèlerinage à l'île de Cythère*.

	Vie et œuvre de Voltaire	Événements historiques	Événements culturels, et scientifiques
1721			Montesquieu, *Lettres persanes*.
1723		Début du règne de Louis XV.	
1725			Apogée de la période baroque en musique avec les œuvres de Bach, Haendel, Vivaldi et Scarlatti.
1726	Querelle avec le chevalier de Rohan, arrestation, puis exil en Angleterre (→ 1728).		Jonathan Swift, *Les voyages de Gulliver*.
1730			Mise au point d'instruments de mesure : thermomètre, chronomètre, etc. (→ 1734). Marivaux, *Le jeu de l'amour et du hasard*.
1731			Prévost, *Manon Lescaut*.
1732	La tragédie *Zaïre* obtient un grand succès.		
1733	Début de sa liaison avec madame du Châtelet.	Stanislas Ier est élu roi de Pologne avec l'appui de Louis XV.	

	Vie et œuvre de Voltaire	Événements historiques	Événements culturels, et scientifiques
1734	La publication des *Lettres philosophiques* oblige Voltaire à se réfugier à Cirey en Lorraine.		
1735			Essor de l'opéra français : Rameau, *Les Indes galantes*.
1736		Stanislas Ier est chassé du trône par les Russes.	
1740	Rencontre avec Frédéric II, nouveau roi de Prusse.		
1742	La tragédie *Mahomet* obtient un grand succès à Lille.		
1745	Devient historiographe de France.	La marquise de Pompadour devient la maîtresse du roi Louis XV.	
1746	Est élu à l'Académie française.		

	Vie et œuvre de Voltaire	Événements historiques	Événements culturels, et scientifiques
1747	Entre en disgrâce à la cour. Première version de *Zadig*. Séjours à la cour de Stanislas à Lunéville.		
1748	*Zadig*	La Prusse, par le traité d'Aix-la-Chapelle, devient une grande puissance.	Montesquieu, *De l'esprit des lois*.
1749	Décès de madame du Châtelet.		Buffon commence la publication de son *Histoire naturelle*. François Boucher peint *Un automne pastoral*.
1750	Séjour à Berlin (→ 1753).		
1751	*Le siècle de Louis XIV*.		Publication des volumes I et II de l'*Encyclopédie*.
1753	Est emprisonné à Francfort.		
1755	S'installe aux *Délices*, en Suisse. Articles pour l'*Encyclopédie*.	Tremblement de terre à Lisbonne. En Nouvelle-France, prise de l'Acadie et déportation des Acadiens par les Anglais.	Rousseau, *Discours sur l'origine et les fondements de l'inégalité parmi les hommes*.
1756	*Essai sur les mœurs*.	Guerre de Sept ans (→ 1763).	

	Vie et œuvre de Voltaire	Événements historiques	Événements culturels, et scientifiques
1757		L'amiral anglais Bing est exécuté. Damiens tente d'assassiner Louis XV.	
1759	Publie *Candide* de façon anonyme.	Défaite des troupes françaises sur les plaines d'Abraham à Québec.	La publication de l'*Encyclopédie* est interdite. Début du classicisme en musique : Haydn fixe les règles de la symphonie classique.
1760	S'installe à Ferney.	Capitulation de Montréal. Début de la révolution industrielle en Angleterre.	
1762		Le protestant Jean Calas est exécuté.	Rousseau, *Émile ou De l'éducation*.
1763	*Traité sur la tolérance.*	Le traité de Paris clôt la guerre de Sept ans.	
1764	*Dictionnaire philosophique portatif.*	L'ordre des Jésuites est dissous en France.	
1766		Le chevalier de La Barre est exécuté.	
1767	*L'ingénu.*		
1773			Diderot, *Jacques le fataliste et son maître*.
1774		Mort de Louis XV. Début du règne de Louis XVI.	Goethe, *Werther*.

	Vie et œuvre de Voltaire	Événements historiques	Événements culturels, et scientifiques
1775		Début de la guerre d'indépendance des États-Unis d'Amérique (→ 1783).	
1778	Revient à Paris en février. Y meurt le 30 mai.		Mort de Jean-Jacques Rousseau.
1781			Grands traités philosophiques de Kant: *Critique de la raison pure*, *Critique de la raison pratique*, etc. (→ 1790).
1784			Jacques-Louis David peint *Le serment des Horaces*.
1786			Période des grands opéras de Mozart: *Les noces de Figaro* et *Don Giovanni*.
1787		Première Constitution américaine.	
1789		Le 14 juillet, début de la Révolution française.	Début de la rédaction des *Mémoires de Casanova*. Lavoisier, *Traité élémentaire de chimie*.
1791	Transfert de ses cendres au Panthéon.	En juin, Louis XVI est arrêté à Varennes.	
1799		Coup d'État de Napoléon Ier. Fin de la Révolution.	

Jeune homme au chapeau,
tableau de Jean-Baptiste Greuze,
1750.

L'Ingénu

Voltaire

Page couverture de l'ouvrage de Gabriel Sagard,
Le grand voyage du pays des Hurons, **1632.**

chapitre premier

Comment le prieur de Notre-Dame de la Montagne et mademoiselle sa sœur rencontrèrent un Huron

passage analysé

Un jour saint Dunstan[1], Irlandais de nation et saint de profession, partit d'Irlande sur une petite montagne qui vogua vers les côtes de France, et arriva par cette voiture[2] à la baie de Saint–Malo. Quand il fut à bord[3], il donna la bénédiction à sa montagne, qui lui fit de profondes révérences et s'en retourna en Irlande par le même chemin qu'elle était venue.

Dunstan fonda un petit prieuré[4] dans ces quartiers-là, et lui donna le nom de *prieuré de la Montagne*, qu'il porte encore, comme un chacun sait.

---

notes

1. Saint Dunstan (924-988), évêque de Worcester, de Londres, puis archevêque de Canterbury, fut élevé par des moines irlandais mais était anglais d'origine.

2. **voiture :** tout moyen de transport.
3. **fut à bord :** eut abordé.
4. **prieuré :** couvent.

10 En l'année 1689, le 15 juillet au soir, l'abbé de Kerkabon, prieur[1] de Notre-Dame de la Montagne, se promenait sur le bord de la mer avec Mlle de Kerkabon, sa sœur, pour prendre le frais. Le prieur, déjà un peu sur l'âge[2], était un très bon ecclésiastique, aimé de ses voisins, après l'avoir été autrefois de ses voisines. Ce

15 qui lui avait donné surtout une grande considération, c'est qu'il était le seul bénéficier[3] du pays qu'on ne fût pas obligé de porter dans son lit quand il avait soupé avec ses confrères. Il savait assez honnêtement de théologie ; et quand il était las de lire saint Augustin, il s'amusait avec Rabelais[4] : aussi tout le monde disait

20 du bien de lui.

Mlle de Kerkabon, qui n'avait jamais été mariée, quoiqu'elle eût grande envie de l'être, conservait de la fraîcheur à l'âge de quarante-cinq ans ; son caractère était bon et sensible ; elle aimait le plaisir et était dévote[5].

25 Le prieur disait à sa sœur, en regardant la mer : « Hélas ! c'est ici que s'embarqua notre pauvre frère avec notre chère belle-sœur, Mme de Kerkabon, sa femme, sur la frégate *L'Hirondelle*, en 1669, pour aller servir en Canada. S'il n'avait pas été tué, nous pourrions espérer de le revoir encore.

30 – Croyez-vous, disait Mlle de Kerkabon, que notre belle-sœur ait été mangée par les Iroquois[6], comme on nous l'a dit ? Il est certain que, si elle n'avait pas été mangée, elle serait revenue au pays. Je la pleurerai toute ma vie : c'était une femme charmante ; et notre frère, qui avait beaucoup d'esprit, aurait fait assurément

35 une grande fortune. »

Comme ils s'attendrissaient l'un et l'autre à ce souvenir, ils virent entrer dans la baie de Rance un petit bâtiment qui arrivait avec la marée : c'étaient des Anglais qui venaient vendre quel-

passage analysé

notes

1. **prieur** : supérieur d'un couvent.
2. **sur l'âge** : âgé.
3. **bénéficier** : possesseur d'un bénéfice, revenu affecté à une charge ecclésiastique.
4. Le lecteur peut s'étonner de voir un homme d'Église lire Rabelais dont les romans font une

virulente satire des moines et des clercs et abondent en grivoiseries, réprouvées par la religion.
5. **dévote** : personne très croyante.
6. **Iroquois** : Amérindiens, alors réputés belliqueux.

ques denrées de leur pays. Ils sautèrent à terre, sans regarder
40   monsieur le prieur ni mademoiselle sa sœur, qui fut très choquée
du peu d'attention qu'on avait pour elle.

Il n'en fut pas de même d'un jeune homme très bien fait, qui
s'élança d'un saut par-dessus la tête de ses compagnons, et se
trouva vis-à-vis mademoiselle. Il lui fit un signe de tête, n'étant
45   pas dans l'usage de faire la révérence. Sa figure et son ajustement
attirèrent les regards du frère et de la sœur. Il était nu-tête et
nu-jambes, les pieds chaussés de petites sandales, le chef orné de
longs cheveux en tresses, un petit pourpoint[1] qui serrait une taille
fine et dégagée ; l'air martial[2] et doux. Il tenait dans sa main une
50   petite bouteille d'eau des Barbades[3], et dans l'autre une espèce de
bourse dans laquelle était un gobelet et de très bon biscuit de mer.
Il parlait français fort intelligiblement. Il présenta de son eau des
Barbades à Mlle de Kerkabon et à monsieur son frère ; il en but
avec eux ; il leur en fit reboire encore, et tout cela d'un air si
55   simple et si naturel que le frère et la sœur en furent charmés. Ils
lui offrirent leurs services, en lui demandant qui il était et où il
allait. Le jeune homme leur répondit qu'il n'en savait rien, qu'il
était curieux, qu'il avait voulu voir comment les côtes de France
étaient faites, qu'il était venu, et allait s'en retourner.

60   Monsieur le prieur, jugeant à son accent qu'il n'était pas anglais,
prit la liberté de lui demander de quel pays il était. « Je suis
Huron[4] », lui répondit le jeune homme.

Mlle de Kerkabon, étonnée et enchantée de voir un Huron qui
lui avait fait des politesses, pria le jeune homme à souper ; il ne se
65   fit pas prier deux fois, et tous trois allèrent de compagnie au
prieuré de Notre-Dame de la Montagne.

passage analysé

notes

1. **pourpoint :** partie supérieure d'un vêtement masculin, couvrant le torse.
2. **air martial :** air d'un guerrier, air valeureux.
3. **eau des Barbades :** rhum des Antilles. Les Barbades sont un archipel faisant partie des Antilles.

4. **Huron :** peuple indien d'Amérique du Nord, réputé pacifique ; les Hurons furent connus en France par la relation de voyage de Gabriel Sagard-Théodat, cité par Voltaire dans ce chapitre (*cf.* note 3, p. 50).

La courte et ronde demoiselle le regardait de tous ses petits yeux, et disait de temps en temps au prieur : « Ce grand garçon-là a un teint de lis et de rose ! qu'il a une belle peau pour un Huron ! 70 – Vous avez raison, ma sœur », disait le prieur. Elle faisait cent questions coup sur coup, et le voyageur répondait toujours fort juste.

Le bruit se répandit bientôt qu'il y avait un Huron au prieuré. La bonne compagnie du canton s'empressa d'y venir souper. 75 L'abbé de Saint-Yves y vint avec mademoiselle sa sœur, jeune Basse-Brette[1], fort jolie et très bien élevée. Le bailli[2], le receveur des tailles[3] et leurs femmes furent du souper. On plaça l'étranger entre Mlle de Kerkabon et Mlle de Saint-Yves. Tout le monde le regardait avec admiration ; tout le monde lui parlait et l'interro- 80 geait à la fois ; le Huron ne s'en émouvait pas. Il semblait qu'il eût pris pour sa devise celle de milord Bolingbroke[4] : *nihil admirari*[5]. Mais à la fin, excédé de tant de bruit, il leur dit avec assez de douceur, mais avec un peu de fermeté : « Messieurs, dans mon pays on parle l'un après l'autre ; comment voulez-vous que je 85 vous réponde quand vous m'empêchez de vous entendre ? » La raison fait toujours rentrer les hommes en eux-mêmes pour quelques moments. Il se fit un grand silence. Monsieur le bailli, qui s'emparait toujours des étrangers dans quelque maison qu'il se trouvât et qui était le plus grand questionneur de la province, lui 90 dit en ouvrant la bouche d'un demi-pied[6] : « Monsieur, comment vous nommez-vous ? – On m'a toujours appelé l'*Ingénu*[7], reprit le Huron, et on m'a confirmé ce nom en

notes

1. **Basse-Brette** : femme de Basse-Bretagne.
2. **bailli** : officier qui rend la justice.
3. **taille** : impôt royal prélevé sur tous les roturiers.
4. **Bolingbroke** : homme d'État et écrivain anglais (1678-1751), admiré par Voltaire, qui le mentionne dans la 12e de ses *Lettres philosophiques*.
5. *nihil admirari* : « ne s'étonner de rien » (devise stoïcienne tirée de l'œuvre du poète Horace):

6. **demi-pied** : unité de mesure. L'expression est ici hyperbolique : le bailli est ridicule dans toute sa démarche.
7. *Ingénu* vient du latin *ingenuus* signifiant « né de parents libres », par opposition à l'affranchi. De là vient le sens « digne d'un homme libre, franc, sincère ». L'Ingénu parle avec une innocente franchise ; il y a aussi une part de naïveté.

Angleterre, parce que je dis toujours naïvement ce que je pense, comme je fais tout ce que je veux.

95   – Comment, étant né Huron, avez-vous pu, monsieur, venir en Angleterre ? – C'est qu'on m'y a mené ; j'ai été fait, dans un combat, prisonnier par les Anglais, après m'être assez bien défendu ; et les Anglais, qui aiment la bravoure, parce qu'ils sont braves et qu'ils sont aussi honnêtes que nous, m'ayant proposé de

100 me rendre à mes parents ou de venir en Angleterre, j'acceptai le dernier parti, parce que de mon naturel j'aime passionnément à voir du pays.

   – Mais, monsieur, dit le bailli avec son ton imposant, comment avez-vous pu abandonner ainsi père et mère ? – C'est que je n'ai

105 jamais connu ni père ni mère », dit l'étranger. La compagnie s'attendrit, et tout le monde répétait : *Ni père, ni mère !* « Nous lui en servirons, dit la maîtresse de la maison à son frère le prieur ; que ce monsieur le Huron est intéressant ! » L'Ingénu la remercia avec une cordialité noble et fière, et lui fit comprendre qu'il

110 n'avait besoin de rien.

   « Je m'aperçois, monsieur l'Ingénu, dit le grave bailli, que vous parlez mieux français qu'il n'appartient à un Huron. – Un Français, dit-il, que nous avions pris dans ma grande jeunesse en Huronie, et pour qui je conçus beaucoup d'amitié, m'enseigna sa

115 langue ; j'apprends très vite ce que je veux apprendre. J'ai trouvé en arrivant à Plymouth[1] un de vos Français réfugiés que vous appelez *huguenots*[2], je ne sais pourquoi ; il m'a fait faire quelques progrès dans la connaissance de votre langue ; et, dès que j'ai pu m'exprimer intelligiblement, je suis venu voir votre pays, parce

120 que j'aime assez les Français quand ils ne font pas trop de questions. »

   L'abbé de Saint-Yves, malgré ce petit avertissement, lui demanda laquelle des trois langues lui plaisait davantage, la

notes ....

1. Plymouth : port militaire au sud de l'Angleterre.

2. *huguenots* : surnom donné par les catholiques aux protestants calvinistes (réformés français).

huronne, l'anglaise, ou la française. « La huronne, sans contredit,
125 répondit l'Ingénu. — Est-il possible ? s'écria Mlle de Kerkabon ;
j'avais toujours cru que le français était la plus belle de toutes les
langues après le bas-breton. »

Alors ce fut à qui demanderait à l'Ingénu comment on disait en
huron du tabac, et il répondait *taya* ; comment on disait manger,
130 et il répondait *essenten*. Mlle de Kerkabon voulut absolument
savoir comment on disait faire l'amour[1] ; il lui répondit *trovander*[2],
et soutint, non sans apparence de raison, que ces mots-là valaient
bien les mots français et anglais qui leur correspondaient.
Trovander parut très joli à tous les convives.

135 Monsieur le prieur, qui avait dans sa bibliothèque la grammaire
huronne dont le révérend père Sagard-Théodat[3], récollet[4],
fameux missionnaire, lui avait fait présent, sortit de table un
moment pour l'aller consulter. Il revint tout haletant de tendresse
et de joie. Il reconnut l'Ingénu pour un vrai Huron. On disputa
140 un peu sur la multiplicité des langues, et on convint que, sans
l'aventure de la tour de Babel[5], toute la terre aurait parlé français.

L'interrogant[6] bailli, qui jusque-là s'était défié un peu du
personnage, conçut pour lui un profond respect ; il lui parla avec
plus de civilité qu'auparavant, de quoi l'Ingénu ne s'aperçut pas.

145 Mlle de Saint-Yves était fort curieuse de savoir comment on
faisait l'amour au pays des Hurons. « En faisant de belles actions,
répondit-il, pour plaire aux personnes qui vous ressemblent. »
Tous les convives applaudirent avec étonnement. Mlle de Saint-

---

notes

1. faire l'amour : parler d'amour dans la langue classique ; le glissement vers le sens moderne s'opère au XVIIIᵉ siècle.
2. « Tous ces noms sont en effet hurons. » (Note de Voltaire.)
3. Gabriel Sagard-Théodat a publié, en 1632, son *Grand voyage au pays des Hurons*, accompagné d'un *Dictionnaire de la langue huronne* où figurent les mots utilisés par Voltaire.
4. récollet : ordre monastique ; « religieux réformé de l'ordre de saint François, qui va déchaussé, et qui porte le soc ou hautes sandales » (Furetière). Les récollets, comme les lazaristes, les franciscains et les jésuites, ont été des missionnaires dans le Nouveau Monde.
5. tour de Babel : épisode biblique célèbre durant lequel les hommes voulurent construire une ville dominée par une tour qui atteignît les cieux ; Dieu les punit de leur orgueil en rendant impossible leur entreprise par l'invention de langues multiples. Le débat sur l'origine des langues anime le siècle des Lumières. Rousseau publia un *Essai sur l'origine des langues* (1781).
6. interrogant : qui pose beaucoup de questions.

Yves rougit et fut fort aise. Mlle de Kerkabon rougit aussi, mais
150 elle n'était pas si aise ; elle fut un peu piquée[1] que la galanterie ne
s'adressât pas à elle, mais elle était si bonne personne que son
affection pour le Huron n'en fut point du tout altérée. Elle lui
demanda, avec beaucoup de bonté, combien il avait eu de
maîtresses en Huronie. « Je n'en ai jamais eu qu'une, dit
155 l'Ingénu ; c'était Mlle Abacaba, la bonne amie de ma chère
nourrice ; les joncs ne sont pas plus droits, l'hermine n'est pas plus
blanche, les moutons sont moins doux, les aigles moins fiers, et les
cerfs ne sont pas si légers que l'était Abacaba. Elle poursuivait un
jour un lièvre dans notre voisinage, environ à cinquante lieues de
160 notre habitation. Un Algonquin[2] mal élevé, qui habitait cent
lieues plus loin, vint lui prendre son lièvre ; je le sus, j'y courus,
je terrassai l'Algonquin d'un coup de massue, je l'amenai aux
pieds de ma maîtresse, pieds et poings liés. Les parents d'Abacaba
voulurent le manger ; mais je n'eus jamais de goût pour ces sortes
165 de festins ; je lui rendis sa liberté, j'en fis un ami. Abacaba fut si
touchée de mon procédé qu'elle me préféra à tous ses amants[3].
Elle m'aimerait encore si elle n'avait pas été mangée par un ours.
J'ai puni l'ours, j'ai porté longtemps sa peau, mais cela ne m'a pas
consolé. »
170 Mlle de Saint-Yves, à ce récit, sentait un plaisir secret
d'apprendre que l'Ingénu n'avait eu qu'une maîtresse, et
qu'Abacaba n'était plus ; mais elle ne démêlait pas la cause de
son plaisir. Tout le monde fixait les yeux sur l'Ingénu ; on le
louait beaucoup d'avoir empêché ses camarades de manger un
175 Algonquin.
L'impitoyable bailli, qui ne pouvait réprimer sa fureur de
questionner, poussa enfin la curiosité jusqu'à s'informer de quelle
religion était monsieur le Huron ; s'il avait choisi la religion

notes
━━━

1. **piquée** : vexée.
2. **Algonquin** : autre peuplade d'Amérique du
Nord ; les Algonquins sont nomades, tandis
que les Hurons sont sédentaires.

3. Au sens classique de « celui qui aime et qui
est aimé ».

anglicane[1], ou la gallicane[2], ou la huguenote[3]. « Je suis de ma
180 religion, dit-il, comme vous de la vôtre. – Hélas ! s'écria la
Kerkabon, je vois bien que ces malheureux Anglais n'ont pas
seulement songé à le baptiser. – Eh ! mon Dieu, disait Mlle de
Saint-Yves, comment se peut-il que les Hurons ne soient pas
catholiques ? Est-ce que les Révérends Pères jésuites[4] ne les ont
185 pas tous convertis ? » L'Ingénu l'assura que dans son pays on ne
convertissait personne ; que jamais un vrai Huron n'avait changé
d'opinion, et que même il n'y avait point dans sa langue de terme
qui signifiât *inconstance*. Ces derniers mots plurent extrêmement à
Mlle de Saint-Yves.

190 « Nous le baptiserons, nous le baptiserons, disait la Kerkabon à
monsieur le prieur ; vous en aurez l'honneur, mon cher frère ; je
veux absolument être sa marraine ; monsieur l'abbé de Saint-
Yves le présentera sur les fonts[5] : ce sera une cérémonie bien
brillante ; il en sera parlé dans toute la Basse-Bretagne, et cela
195 nous fera un honneur infini. » Toute la compagnie seconda la
maîtresse de la maison ; tous les convives criaient : « Nous le
baptiserons ! » L'Ingénu répondit qu'en Angleterre on laissait
vivre les gens à leur fantaisie[6]. Il témoigna que la proposition ne
lui plaisait point du tout, et que la loi des Hurons valait pour le
200 moins la loi des Bas-Bretons ; enfin, il dit qu'il repartait le
lendemain. On acheva de vider sa bouteille d'eau des Barbades,
et chacun s'alla coucher.

notes

1. religion anglicane : religion officielle du Royaume-Uni, majoritaire, réformée mais proche dans les dogmes du catholicisme. Voir les *Lettres philosophiques* de Voltaire (5e lettre).
2. gallicane : qui se rapporte à la France (*Gallia*) ; il s'agit donc de la religion catholique, celle du roi et la seule qui soit autorisée en 1767.
3. huguenote : religion des huguenots (*cf.* note 2, p. 49).
4. Les jésuites (« les Révérends Pères jésuites ») avaient fondé des missions sur tous les continents. La question faussement naïve de Mlle de Saint-Yves traduit l'ironie de Voltaire.

5. fonts : fonts baptismaux, bassin destiné à l'eau du baptême.
6. à leur fantaisie : comme il leur plaisait, à leur guise. Allusion à la liberté d'opinion et de croyance en Angleterre. Voltaire admire depuis longtemps ce pays pour ses institutions qui garantissent la liberté (dans ses *Lettres philosophiques*, Voltaire parle constamment de l'Angleterre comme d'une nation, plus rarement de la Grande-Bretagne).

Quand on eut reconduit l'Ingénu dans sa chambre, Mlle de Kerkabon et son amie Mlle de Saint-Yves ne purent se tenir de regarder par le trou d'une large serrure pour voir comment dormait un Huron. Elles virent qu'il avait étendu la couverture du lit sur le plancher, et qu'il reposait dans la plus belle attitude du monde.

Huronne et Huron, **aquarelle, v. 1750-1780.**

Chapitre second

Le Huron, nommé l'Ingénu,
reconnu de ses parents

L'Ingénu, selon sa coutume, s'éveilla avec le soleil, au chant du
coq, qu'on appelle en Angleterre et en Huronie *la trompette du
jour*. Il n'était pas comme la bonne compagnie[1], qui languit dans
un lit oiseux[2] jusqu'à ce que le soleil ait fait la moitié de son tour,
5 qui ne peut ni dormir ni se lever, qui perd tant d'heures
précieuses dans cet état mitoyen entre la vie et la mort, et qui se
plaint encore que la vie est trop courte.

Il avait déjà fait deux ou trois lieues, il avait tué trente pièces de
gibier à balle seule[3], lorsqu'en rentrant il trouva monsieur le
10 prieur de Notre-Dame de la Montagne et sa discrète[4] sœur, se
promenant en bonnet de nuit dans leur petit jardin. Il leur

notes

1. **bonne compagnie** : privilégiés de la noblesse
et de la grande bourgeoisie dont Voltaire
blâme l'oisiveté.
2. **oiseux** : ici, oisif, inactif. Hypallage :
l'adjectif épithète de « lit » se rapporte, pour
le sens, à « la bonne compagnie ».

3. **à balle seule** : du premier coup.
4. **discrète** : sage, raisonnable.

présenta toute sa chasse, et en tirant de sa chemise une espèce de petit talisman[1] qu'il portait toujours à son cou, il les pria de l'accepter en reconnaissance de leur bonne réception. « C'est ce

15 que j'ai de plus précieux, leur dit-il ; on m'a assuré que je serais toujours heureux tant que je porterais ce petit brimborion[2] sur moi, et je vous le donne afin que vous soyez toujours heureux. »

Le prieur et mademoiselle sourirent avec attendrissement de la naïveté de l'Ingénu. Ce présent consistait en deux petits portraits

20 assez mal faits, attachés ensemble avec une courroie fort grasse.

Mlle de Kerkabon lui demanda s'il y avait des peintres en Huronie. « Non, dit l'Ingénu, cette rareté me vient de ma nourrice ; son mari l'avait eue par conquête, en dépouillant quelques Français du Canada qui nous avaient fait la guerre ; c'est

25 tout ce que j'en ai su. »

Le prieur regardait attentivement ces portraits ; il changea de couleur, il s'émut, ses mains tremblèrent. « Par Notre-Dame de la Montagne, s'écria-t-il, je crois que voilà le visage de mon frère le capitaine et de sa femme ! » Mademoiselle, après les avoir

30 considérés avec la même émotion, en jugea de même. Tous deux étaient saisis d'étonnement et d'une joie mêlée de douleur ; tous deux s'attendrissaient ; tous deux pleuraient ; leur cœur palpitait ; ils poussaient des cris ; ils s'arrachaient les portraits ; chacun d'eux les prenait et les rendait vingt fois en une seconde ; ils dévoraient

35 des yeux les portraits et le Huron ; ils lui demandaient l'un après l'autre, et tous deux à la fois, en quel lieu, en quel temps, comment ces miniatures étaient tombées entre les mains de sa nourrice ; ils rapprochaient, ils comptaient les temps depuis le départ du capitaine ; ils se souvenaient d'avoir eu nouvelle qu'il

40 avait été jusqu'au pays des Hurons, et que depuis ce temps ils n'en avaient jamais entendu parler.

L'Ingénu leur avait dit qu'il n'avait connu ni père ni mère. Le prieur, qui était homme de sens, remarqua que l'Ingénu avait un

notes
....

| **1. talisman** : objet doté de pouvoirs magiques. | **2. brimborion** : objet sans valeur.

55

peu de barbe ; il savait très bien que les Hurons n'en ont point.
45 « Son menton est cotonné, il est donc fils d'un homme d'Europe.
Mon frère et ma belle-sœur ne parurent plus après l'expédition
contre les Hurons, en 1669[1] ; mon neveu devait alors être à la
mamelle ; la nourrice huronne lui a sauvé la vie et lui a servi de
mère. » Enfin, après cent questions et cent réponses, le prieur et
50 sa sœur conclurent que le Huron était leur propre neveu. Ils
l'embrassaient en versant des larmes ; et l'Ingénu riait, ne pouvant
s'imaginer qu'un Huron fût neveu d'un prieur bas-breton.

Toute la compagnie descendit ; M. de Saint-Yves, qui était
grand physionomiste, compara les deux portraits avec le visage de
55 l'Ingénu ; il fit très habilement remarquer qu'il avait les yeux de
sa mère, le front et le nez de feu M. le capitaine de Kerkabon, et
des joues qui tenaient de l'un et de l'autre.

Mlle de Saint-Yves, qui n'avait jamais vu le père ni la mère,
assura que l'Ingénu leur ressemblait parfaitement. Ils admiraient
60 tous la Providence et l'enchaînement des événements de ce
monde[2]. Enfin on était si persuadé, si convaincu de la naissance
de l'Ingénu, qu'il consentit lui-même à être neveu de monsieur
le prieur, en disant qu'il aimait autant l'avoir pour son oncle
qu'un autre.

65 On alla rendre grâce à Dieu dans l'église de Notre-Dame de la
Montagne, tandis que le Huron, d'un air indifférent, s'amusait à
boire dans la maison.

Les Anglais qui l'avaient amené, et qui étaient prêts à mettre à
la voile, vinrent lui dire qu'il était temps de partir. « Apparem-
70 ment, leur dit-il, que vous n'avez pas retrouvé vos oncles et vos
tantes : je reste ici ; retournez à Plymouth, je vous donne toutes
mes hardes, je n'ai plus besoin de rien au monde, puisque je suis

notes

1. Expédition inventée par Voltaire.
2. La Providence est le projet dessiné par Dieu. Elle est synonyme de « Destin ». Pour ceux qui croient à la Providence, rien n'arrive par hasard, tout est inscrit dans la volonté divine. Les événements suivent un enchaînement logique que l'homme ne connaît pas toujours. De nombreuses philosophies sont providentialistes, à commencer par le stoïcisme. Voltaire attaque la pensée providentialiste de Leibniz dans *Candide* (1759), exprimée par le ridicule Pangloss.

le neveu d'un prieur. » Les Anglais mirent à la voile, en se
souciant fort peu que l'Ingénu eût des parents ou non en
75 Basse-Bretagne.

Après que l'oncle, la tante et la compagnie eurent chanté le *Te
Deum*[1] ; après que le bailli eut encore accablé l'Ingénu de
questions ; après qu'on eut épuisé tout ce que l'étonnement, la
joie, la tendresse peuvent faire dire, le prieur de la Montagne et
80 l'abbé de Saint-Yves conclurent à[2] faire baptiser l'Ingénu au plus
vite. Mais il n'en était pas d'un grand Huron de vingt-deux ans
comme d'un enfant qu'on régénère[3] sans qu'il en sache rien. Il
fallait l'instruire, et cela paraissait difficile : car l'abbé de Saint-
Yves supposait qu'un homme qui n'était pas né en France n'avait
85 pas le sens commun.

Le prieur fit observer à la compagnie que, si en effet monsieur
l'Ingénu, son neveu, n'avait pas eu le bonheur d'être élevé[4] en
Basse-Bretagne, il n'en avait pas moins d'esprit ; qu'on en
pouvait juger par toutes ses réponses, et que sûrement la nature
90 l'avait beaucoup favorisé, tant du côté paternel que du maternel.

On lui demanda d'abord s'il avait jamais lu quelque livre. Il dit
qu'il avait lu Rabelais traduit en anglais, et quelques morceaux de
Shakespeare[5] qu'il savait par cœur ; qu'il avait trouvé ces livres
chez le capitaine du vaisseau qui l'avait amené de l'Amérique à
95 Plymouth, et qu'il en était fort content. Le bailli ne manqua pas
de l'interroger sur ces livres. « Je vous avoue, dit l'Ingénu, que j'ai
cru en deviner quelque chose, et que je n'ai pas entendu le reste. »

L'abbé de Saint-Yves, à ce discours, fit réflexion que c'était
ainsi que lui-même avait toujours lu, et que la plupart des
100 hommes ne lisaient guère autrement. « Vous avez sans doute lu la

notes

1. *Te Deum* : premiers mots de l'hymne
d'action de grâces (remerciements) adressé à
Dieu.
2. Conclurent à la nécessité de.
3. régénère : l'Ingénu, en recevant le baptême,
connaît une seconde naissance au sein de
l'Église (vocabulaire religieux).

4. d'être élevé : correction demandée par
Voltaire pour l'édition Lacombe de 1767, à la
place de « de naître ».
5. William Shakespeare (1564-1616), poète et
auteur dramatique anglais. Là où il séjourne,
l'Ingénu ne manque pas de s'instruire et
d'exercer son extraordinaire mémoire.

Bible ? dit-il au Huron. – Point du tout, monsieur l'abbé ; elle n'était pas parmi les livres de mon capitaine ; je n'en ai jamais entendu parler. – Voilà comme sont ces maudits Anglais, criait Mlle de Kerkabon ; ils feront plus de cas d'une pièce de
105 Shakespeare, d'un plum-pudding[1] et d'une bouteille de rhum que du *Pentateuque*[2] Aussi n'ont-ils jamais converti personne en Amérique. Certainement ils sont maudits de Dieu ; et nous leur prendrons la Jamaïque[3] et la Virginie avant qu'il soit peu de temps. »

110 Quoi qu'il en soit, on fit venir le plus habile tailleur de Saint-Malo pour habiller l'Ingénu de pied en cap. La compagnie se sépara ; le bailli alla faire ses questions ailleurs. Mlle de Saint-Yves, en partant, se retourna plusieurs fois pour regarder l'Ingénu ; et il lui fit des révérences plus profondes qu'il n'en avait
115 jamais fait à personne en sa vie.

Le bailli, avant de prendre congé[4], présenta à Mlle de Saint-Yves un grand nigaud[5] de fils qui sortait du collège ; mais à peine le regarda-t-elle, tant elle était occupée de la politesse du Huron.

---

notes

1. **plum-pudding** : gâteau traditionnel anglais consommé à Noël.
2. ***Pentateuque*** : les cinq (« penta ») premiers livres de la Bible (Genèse, Exode, Lévitique, Nombres, Deutéronome).
3. **Jamaïque** : île des Grandes Antilles qui pas plus que la Virginie n'a appartenu à la France.

4. **avant de prendre congé** : omission de la première édition ; la correction est faite sur la demande de Voltaire (Lacombe, 1767).
5. **nigaud** : sot.

chapitre troisième

Le Huron,
nommé l'Ingénu, converti

Monsieur le prieur, voyant qu'il était un peu sur l'âge, et que Dieu lui envoyait un neveu pour sa consolation, se mit en tête qu'il pourrait lui résigner¹ son bénéfice² s'il réussissait à le baptiser et à le faire entrer dans les ordres.

5   L'Ingénu avait une mémoire excellente. La fermeté des organes³ de Basse-Bretagne, fortifiée par le climat du Canada, avait rendu sa tête si vigoureuse que, quand on frappait dessus, à peine le sentait-il ; et, quand on gravait dedans, rien ne s'effaçait ; il n'avait jamais rien oublié. Sa conception était d'autant plus vive 10 et plus nette que, son enfance n'ayant point été chargée des inutilités et des sottises qui accablent la nôtre, les choses entraient dans sa cervelle sans nuage. Le prieur résolut enfin de lui faire lire

notes

1. résigner : céder.
2. bénéfice : revenu affecté à une charge ecclésiastique.

3. fermeté des organes : facilité de compréhension. Voltaire fait une allusion plaisante à la théorie des climats.

le Nouveau Testament. L'Ingénu le dévora avec beaucoup de plaisir ; mais, ne sachant ni dans quel temps ni dans quel pays

15 toutes les aventures rapportées dans ce livre étaient arrivées, il ne douta point que le lieu de la scène ne fût en Basse-Bretagne, et il jura qu'il couperait le nez et les oreilles à Caïphe[1] et à Pilate[2] si jamais il rencontrait ces marauds[3]-là.

Son oncle, charmé de ces bonnes dispositions[4], le mit au fait en

20 peu de temps : il loua son zèle ; mais il lui apprit que ce zèle était inutile, attendu que ces gens-là étaient morts il y avait environ seize cent quatre-vingt-dix années. L'Ingénu sut bientôt presque tout le livre par cœur. Il proposait quelquefois des difficultés qui mettaient le prieur fort en peine. Il était obligé souvent de

25 consulter l'abbé de Saint-Yves, qui, ne sachant que répondre, fit venir un jésuite bas-breton pour achever la conversion du Huron.

Enfin la grâce[5] opéra ; l'Ingénu promit de se faire chrétien ; il ne douta pas qu'il ne dût commencer par être circoncis ; « car,

30 disait-il, je ne vois pas dans le livre qu'on m'a fait lire un seul personnage qui ne l'ait été ; il est donc évident que je dois faire le sacrifice de mon prépuce : le plus tôt c'est le mieux. » Il ne délibéra point. Il envoya chercher le chirurgien du village et le pria de lui faire l'opération, comptant réjouir infiniment Mlle de

35 Kerkabon et toute la compagnie quand une fois la chose serait faite. Le frater[6], qui n'avait point encore fait cette opération, en avertit la famille, qui jeta les hauts cris. La bonne Kerkabon trembla que son neveu, qui paraissait résolu et expéditif, ne se fît lui-même l'opération très maladroitement, et qu'il n'en résultât

notes

1. Caïphe, grand prêtre des juifs (de 18 à 36 ap. J.-C.) qui conseilla l'élimination de Jésus pour assurer la paix publique.
2. Ponce Pilate (Ier s.), gouverneur romain de Judée, laissa condamner Jésus et fit le geste de se laver les mains, signe d'un refus de toute responsabilité.
3. marauds : coquins, brigands.

4. dispositions : capacités.
5. grâce : aide surnaturelle qui rend l'homme capable d'accomplir la volonté de Dieu et de parvenir au salut de son âme. La question de la grâce est au centre de la querelle entre jansénistes* et jésuites*.
6. frater : compagnon d'un barbier ou d'un chirurgien.

40 de tristes effets auxquels les dames s'intéressent toujours par bonté d'âme[1].

Le prieur redressa les idées du Huron ; il lui remontra[2] que la circoncision n'était plus de mode, que le baptême était beaucoup plus doux et plus salutaire, que la loi de grâce n'était pas comme 45 la loi de rigueur[3]. L'Ingénu, qui avait beaucoup de bon sens et de droiture, disputa[4], mais reconnut son erreur, ce qui est assez rare en Europe aux gens qui disputent ; enfin il promit de se faire baptiser quand on voudrait.

Il fallait auparavant se confesser, et c'était là le plus difficile. 50 L'Ingénu avait toujours en poche le livre que son oncle lui avait donné. Il n'y trouvait pas qu'un seul apôtre se fût confessé, et cela le rendait très rétif[5]. Le prieur lui ferma la bouche en lui montrant, dans l'épître de saint Jacques le Mineur[6], ces mots qui font tant de peine aux hérétiques[7] : *Confessez vos péchés les uns aux* 55 *autres*. Le Huron se tut, et se confessa à un récollet[8]. Quand il eut fini, il tira le récollet du confessionnal, et, saisissant son homme d'un bras vigoureux, il se mit à sa place et le fit mettre à genoux devant lui : « Allons, mon ami, il est dit : *Confessez-vous les uns aux autres* ; je t'ai conté mes péchés, tu ne sortiras pas d'ici que tu 60 ne m'aies conté les tiens. » En parlant ainsi, il appuyait son large genou contre la poitrine de son adverse partie. Le récollet pousse des hurlements qui font retentir l'église. On accourt au bruit, on voit le catéchumène[9] qui gourmait[10] le moine au nom de saint Jacques le Mineur. La joie de baptiser un Bas-Breton huron et 65 anglais était si grande qu'on passa par-dessus ces singularités. Il y

passage analysé

notes

1. Remarque ironique* de Voltaire et sous-entendu grivois*.
2. lui remontra : lui fit observer.
3. loi de grâce [...] loi de rigueur : distinction en théologie entre la loi fondée sur la charité, contenue dans le Nouveau Testament, et la loi rigoureuse de l'Ancien Testament. Opposition entre chrétiens et juifs.
4. disputa : discuta, réfuta une thèse (terme de la rhétorique enseignée dans les collèges).
5. rétif : résistant, réfractaire.

6. Épître (lettre) écrite par saint Jacques le Mineur, apôtre de Jésus, fils d'Alphée, qu'on distingue de saint Jacques le Majeur, lui aussi apôtre, fils de Zébédée.
7. hérétiques : tous ceux qui sont en désaccord avec un dogme religieux, qui pratiquent un autre culte.
8. récollet : *cf.* note 4, p. 50.
9. catéchumène : celui à qui l'on enseigne le catéchisme (instruction dans la foi chrétienne).
10. gourmait : battait à coups de poing.

eut même beaucoup de théologiens qui pensèrent que la confession n'était pas nécessaire, puisque le baptême tenait lieu de tout.

On prit jour avec l'évêque de Saint-Malo, qui, flatté, comme on peut le croire, de baptiser un Huron, arriva dans un pompeux[1] équipage, suivi de son clergé. Mlle de Saint-Yves, en bénissant Dieu, mit sa plus belle robe et fit venir une coiffeuse de Saint-Malo pour briller à la cérémonie. L'interrogant bailli accourut avec toute la contrée. L'église était magnifiquement parée ; mais, quand il fallut prendre le Huron pour le mener aux fonts baptismaux, on ne le trouva point.

L'oncle et la tante le cherchèrent partout. On crut qu'il était à la chasse, selon sa coutume. Tous les conviés à la fête parcoururent les bois et les villages voisins : point de nouvelles du Huron.

On commençait à craindre qu'il ne fût retourné en Angleterre. On se souvenait de lui avoir entendu dire qu'il aimait fort ce pays-là. Monsieur le prieur et sa sœur étaient persuadés qu'on n'y baptisait personne, et tremblaient pour l'âme de leur neveu. L'évêque était confondu[2] et prêt à s'en retourner ; le prieur et l'abbé de Saint-Yves se désespéraient ; le bailli interrogeait tous les passants avec sa gravité ordinaire. Mlle de Kerkabon pleurait ; Mlle de Saint-Yves ne pleurait pas, mais elle poussait de profonds soupirs qui semblaient témoigner son goût pour les sacrements. Elles se promenaient tristement le long des saules et des roseaux qui bordent la petite rivière de Rance, lorsqu'elles aperçurent au milieu de la rivière une grande figure assez blanche, les deux mains croisées sur la poitrine. Elles jetèrent un grand cri et se détournèrent. Mais, la curiosité l'emportant bientôt sur toute autre considération, elles se coulèrent doucement entre les roseaux, et, quand elles furent bien sûres de n'être point vues, elles voulurent voir de quoi il s'agissait.

notes
....

1. **pompeux :** solennel, majestueux (nuance péjorative).

2. **confondu :** décontenancé, troublé.

chapitre quatrième

L'Ingénu baptisé

Le prieur et l'abbé, étant accourus, demandèrent à l'Ingénu ce qu'il faisait là. « Eh parbleu ! Messieurs, j'attends le baptême. Il y a une heure que je suis dans l'eau jusqu'au cou, et il n'est pas honnête[1] de me laisser morfondre[2].

5 – Mon cher neveu, lui dit tendrement le prieur, ce n'est pas ainsi qu'on baptise en Basse-Bretagne ; reprenez vos habits et venez avec nous. » Mlle de Saint-Yves, en entendant ce discours, disait tout bas à sa compagne : « Mademoiselle, croyez-vous qu'il reprenne sitôt ses habits ? »

10 Le Huron cependant repartit[3] au prieur : « Vous ne m'en ferez pas accroire[4] cette fois-ci comme l'autre ; j'ai bien étudié depuis ce temps-là, et je suis très certain qu'on ne se baptise pas

notes
....

1. honnête : convenable, conforme aux bienséances.
2. morfondre : au sens premier de « prendre froid ».

3. repartit : répliqua, répondit vivement.
4. Vous ne m'en ferez pas accroire : vous ne me persuaderez pas.

autrement. L'eunuque de la reine Candace[1] fut baptisé dans un ruisseau ; je vous défie de me montrer dans le livre que vous
15 m'avez donné qu'on s'y soit jamais pris d'une autre façon. Je ne serai point baptisé du tout, ou je le serai dans la rivière. » On eut beau lui remontrer que les usages avaient changé, l'Ingénu était têtu, car il était Breton et Huron. Il revenait toujours à l'eunuque de la reine Candace. Et, quoique mademoiselle sa tante et Mlle de
20 Saint-Yves, qui l'avaient observé entre les saules, fussent en droit de lui dire qu'il ne lui appartenait pas de citer un pareil homme, elles n'en firent pourtant rien, tant était grande leur discrétion. L'évêque vint lui-même lui parler, ce qui est beaucoup ; mais il ne gagna rien : le Huron disputa contre l'évêque.

25 « Montrez-moi, lui dit-il, dans le livre que m'a donné mon oncle, un seul homme qui n'ait pas été baptisé dans la rivière, et je ferai tout ce que vous voudrez. »

La tante, désespérée, avait remarqué que, la première fois que son neveu avait fait la révérence, il en avait fait une plus profonde
30 à Mlle de Saint-Yves qu'à aucune autre personne de la compagnie, qu'il n'avait pas même salué monsieur l'évêque avec ce respect mêlé de cordialité qu'il avait témoigné à cette belle demoiselle. Elle prit le parti de s'adresser à elle dans ce grand embarras ; elle la pria d'interposer son crédit[2] pour engager le
35 Huron à se faire baptiser de la même manière que les Bretons, ne croyant pas que son neveu pût jamais être chrétien s'il persistait à vouloir être baptisé dans l'eau courante.

Mlle de Saint-Yves rougit du plaisir secret qu'elle sentait d'être chargée d'une si importante commission. Elle s'approcha modeste-
40 ment de l'Ingénu, et, lui serrant la main d'une manière tout à fait noble : « Est-ce que vous ne ferez rien pour moi ? » lui dit-elle ; et, en prononçant ces mots, elle baissait les yeux et les

---

notes

1. **Candace** : nom donné aux reines d'Éthiopie ; l'anecdote est racontée dans les *Actes des apôtres*. Le baptême chez les premiers chrétiens s'effectuait par immersion totale.

2. **interposer son crédit** : intervenir et user de son influence.

relevait avec une grâce attendrissante. « Ah ! tout ce que vous
voudrez, mademoiselle, tout ce que vous me commanderez :
baptême d'eau, baptême de feu, baptême de sang, il n'y a rien que
je vous refuse. » Mlle de Saint-Yves eut la gloire de faire en deux
paroles ce que ni les empressements du prieur, ni les interroga-
tions réitérées du bailli, ni les raisonnements même de monsieur
l'évêque n'avaient pu faire. Elle sentit son triomphe ; mais elle
n'en sentait pas encore toute l'étendue.

Le baptême fut administré et reçu avec toute la décence[1], toute
la magnificence, tout l'agrément possibles. L'oncle et la tante
cédèrent à M. l'abbé de Saint-Yves et à sa sœur l'honneur de tenir
l'Ingénu sur les fonts. Mlle de Saint-Yves rayonnait de joie de se
voir marraine. Elle ne savait pas à quoi ce grand titre l'asservissait ;
elle accepta cet honneur sans en connaître les fatales consé-
quences.

Comme il n'y eut jamais[2] de cérémonie qui ne fût suivie d'un
grand dîner, on se mit à table au sortir du baptême. Les goguenards[3] de Basse-Bretagne dirent qu'il ne fallait pas baptiser son
vin. Monsieur le prieur disait que le vin, selon Salomon[4], réjouit
le cœur de l'homme. Monsieur l'évêque ajoutait que le
patriarche Juda devait lier son ânon à la vigne, et tremper son
manteau dans le sang du raisin[5], et qu'il était bien triste qu'on n'en
pût faire autant en Basse-Bretagne, à laquelle Dieu a dénié les
vignes. Chacun tâchait de dire un bon mot sur le baptême de
l'Ingénu, et des galanteries à la marraine. Le bailli, toujours
interrogant, demandait au Huron s'il serait fidèle à ses promesses.
« Comment voulez-vous que je manque à mes promesses,
répondit le Huron, puisque je les ai faites entre les mains de Mlle
de Saint-Yves ? »

notes

1. décence : pudeur.
2. Comme il n'y eut jamais : correction de Voltaire (Lacombe, 1767), en remplacement de « Comme il n'y a jamais eu ».
3. goguenards : mauvais plaisants.

4. Salomon : fils de David et de Bethsabée ; dernier roi du royaume unifié d'Israël (970-931), réputé pour sa sagesse.
5. Propos extraits des oracles de Jacob prophétisant la venue du Christ.

Le Huron s'échauffa[1] ; il but beaucoup à la santé de sa marraine. « Si j'avais été baptisé de votre main, dit-il, je sens que l'eau froide qu'on m'a versée sur le chignon[2] m'aurait brûlé. » Le bailli trouva cela trop poétique, ne sachant pas combien l'allégorie est familière au Canada. Mais la marraine en fut extrêmement contente.

On avait donné le nom d'Hercule[3] au baptisé. L'évêque de Saint-Malo demandait toujours quel était ce patron dont il n'avait jamais entendu parler. Le jésuite, qui était fort savant, lui dit que c'était un saint qui avait fait douze miracles[4]. Il y en avait un treizième qui valait les douze autres, mais dont il ne convenait pas à un jésuite de parler : c'était celui d'avoir changé cinquante filles en femmes en une seule nuit[5]. Un plaisant qui se trouva là releva ce miracle avec énergie. Toutes les dames baissèrent les yeux, et jugèrent à la physionomie de l'Ingénu qu'il était digne du saint dont il portait le nom.

L'Ingénu amoureux

Il faut avouer que depuis ce baptême et ce dîner Mlle de
Saint-Yves souhaita passionnément que monsieur l'évêque la fît
encore participante de quelque beau sacrement avec M. Hercule
l'Ingénu. Cependant, comme elle était bien élevée et fort
5 modeste[1], elle n'osait convenir tout à fait avec elle-même de ses
tendres sentiments ; mais, s'il lui échappait un regard, un mot, un
geste, une pensée, elle enveloppait tout cela d'un voile de pudeur
infiniment aimable. Elle était tendre, vive et sage.

Dès que monsieur l'évêque fut parti, l'Ingénu et Mlle de
10 Saint-Yves se rencontrèrent sans avoir fait réflexion qu'ils se
cherchaient. Ils se parlèrent sans avoir imaginé ce qu'ils se
diraient. L'Ingénu lui dit d'abord qu'il l'aimait de tout son cœur,
et que la belle Abacaba, dont il avait été fou dans son pays,
n'approchait pas d'elle. Mademoiselle lui répondit, avec sa
15 modestie ordinaire, qu'il fallait en parler au plus vite à monsieur

note
_____

| 1. **modeste** : pudique.

le prieur son oncle et à mademoiselle sa tante, et que de son côté
elle en dirait deux mots à son cher frère l'abbé de Saint-Yves, et
qu'elle se flattait d'un consentement commun.

20   L'Ingénu lui répond qu'il n'avait besoin du consentement
de personne ; qu'il lui paraissait extrêmement ridicule d'aller
demander à d'autres ce qu'on devait faire ; que, quand deux
parties sont d'accord, on n'a pas besoin d'un tiers pour les
accommoder[1]. « Je ne consulte personne, dit-il, quand j'ai envie
de déjeuner, ou de chasser, ou de dormir. Je sais bien qu'en

25 amour il n'est pas mal d'avoir le consentement de la personne à
qui on en veut[2] ; mais, comme ce n'est ni de mon oncle ni de ma
tante que je suis amoureux, ce n'est pas à eux que je dois
m'adresser dans cette affaire ; et, si vous m'en croyez, vous vous
passerez aussi de monsieur l'abbé de Saint-Yves. »

30   On peut juger que la belle Bretonne employa toute la déli-
catesse de son esprit à réduire son Huron aux termes de la
bienséance[3]. Elle se fâcha même, et bientôt se radoucit. Enfin on
ne sait comment aurait fini cette conversation si, le jour baissant,
monsieur l'abbé n'avait ramené sa sœur à son abbaye. L'Ingénu

35 laissa coucher son oncle et sa tante, qui étaient un peu fatigués de
la cérémonie et de leur long dîner. Il passa une partie de la nuit à
faire des vers en langue huronne pour sa bien-aimée : car il faut
savoir qu'il n'y a aucun pays de la terre où l'amour n'ait rendu les
amants poètes.

40   Le lendemain, son oncle lui parla ainsi après le déjeuner, en
présence de Mlle de Kerkabon, qui était tout attendrie : « Le ciel
soit loué de ce que vous avez l'honneur, mon cher neveu, d'être
chrétien et Bas-Breton ! mais cela ne suffit pas ; je suis un peu sur
l'âge ; mon frère n'a laissé qu'un petit coin de terre qui est très

45 peu de chose ; j'ai un bon prieuré : si vous voulez seulement

notes ....

1. accommoder : accorder.	**3. bienséance :** décence, convenances.
2. à qui on en veut : que l'on veut épouser.	

69

vous faire sous-diacre[1], comme je l'espère, je vous résignerai[2] mon prieuré, et vous vivrez fort à votre aise, après avoir été la consolation de ma vieillesse. »

L'Ingénu répondit : « Mon oncle, grand bien vous fasse ! vivez
50 tant que vous pourrez. Je ne sais pas ce que c'est que d'être sous-diacre ni que de résigner ; mais tout me sera bon pourvu que j'aie Mlle de Saint-Yves à ma disposition. – Eh ! mon Dieu ! mon neveu, que me dites-vous là ? Vous aimez donc cette belle demoiselle à la folie ? – Oui, mon oncle. – Hélas ! mon neveu, il
55 est impossible que vous l'épousiez. – Cela est très possible, mon oncle ; car non seulement elle m'a serré la main en me quittant, mais elle m'a promis qu'elle me demanderait en mariage ; et assurément je l'épouserai. – Cela est impossible, vous dis-je : elle est votre marraine ; c'est un péché épouvantable à une marraine
60 de serrer la main de son filleul ; il n'est pas permis d'épouser sa marraine ; les lois divines et humaines s'y opposent. – Morbleu ! mon oncle, vous vous moquez de moi ; pourquoi serait-il défendu d'épouser sa marraine, quand elle est jeune et jolie ? Je n'ai point vu dans le livre que vous m'avez donné qu'il fût mal
65 d'épouser les filles qui ont aidé les gens à être baptisés. Je m'aperçois tous les jours qu'on fait ici une infinité de choses qui ne sont point dans votre livre, et qu'on n'y fait rien de tout ce qu'il dit. Je vous avoue que cela m'étonne et me fâche. Si on me prive de la belle Saint-Yves sous prétexte de mon baptême, je
70 vous avertis que je l'enlève et que je me débaptise[3]. »

Le prieur fut confondu ; sa sœur pleura. « Mon cher frère, dit-elle, il ne faut pas que notre neveu se damne ; notre saint-père le pape peut lui donner dispense, et alors il pourra être chrétien-nement heureux avec ce[4] qu'il aime. » L'Ingénu embrassa sa
75 tante. « Quel est donc, dit-il, cet homme charmant qui favorise

notes

1. **sous-diacre** : premier grade dans le clergé, en dessous de diacre et de prêtre.
2. **résignerai** : céderai.

3. **Cela est impossible** : on peut renier sa foi, mais pas être débaptisé.
4. **ce** : celle.

avec tant de bonté les garçons et les filles dans leurs amours ? Je veux lui aller parler tout à l'heure[1]. »

On lui expliqua ce que c'était que le pape ; et l'Ingénu fut encore plus étonné qu'auparavant. « Il n'y a pas un mot de tout
80   cela dans votre livre, mon cher oncle ; j'ai voyagé, je connais la mer ; nous sommes ici sur la côte de l'Océan ; et je quitterai Mlle de Saint-Yves pour aller demander la permission de l'aimer à un homme qui demeure vers la Méditerranée, à quatre cents lieues d'ici, et dont je n'entends point la langue ! Cela est d'un ridicule
85   incompréhensible. Je vais sur-le-champ chez monsieur l'abbé de Saint-Yves, qui ne demeure qu'à une lieue de vous, et je vous réponds que j'épouserai ma maîtresse dans la journée. »

Comme il parlait encore, entra le bailli, qui, selon sa coutume, lui demanda où il allait. « Je vais me marier », dit l'Ingénu en
90   courant ; et au bout d'un quart d'heure il était déjà chez sa belle et chère Basse-Brette, qui dormait encore. « Ah ! mon frère, disait Mlle de Kerkabon au prieur, jamais vous ne ferez un sous-diacre de notre neveu. »

Le bailli fut très mécontent de ce voyage : car il prétendait que
95   son fils épousât la Saint-Yves ; et ce fils était encore plus sot et plus insupportable que son père.

note

| **1. tout à l'heure :** tout de suite, immédiatement.

71

L'Ingénu court chez sa maîtresse, et devient furieux

À peine l'Ingénu était arrivé, qu'ayant demandé à une vieille servante où était la chambre de sa maîtresse[1], il avait poussé fortement la porte mal fermée et s'était élancé vers le lit. Mlle de Saint-Yves, se réveillant en sursaut, s'était écriée : « Quoi ! c'est vous ! ah ! c'est vous ! arrêtez-vous, que faites-vous ? » Il avait répondu : « Je vous épouse » ; et en effet il l'épousait, si elle ne s'était pas débattue avec toute l'honnêteté d'une personne qui a de l'éducation.

L'Ingénu n'entendait pas raillerie[2] ; il trouvait toutes ces façons-là extrêmement impertinentes[3]. « Ce n'était pas ainsi qu'en usait Mlle Abacaba, ma première maîtresse ; vous n'avez

notes

1. « Maîtresse » s'oppose ici à « servante » et n'a pas le sens de « femme aimée » comme dans le titre.

2. raillerie : moquerie. L'Ingénu ne plaisantait pas.
3. impertinentes : contraires à l'honnêteté, impolies.

72

point de probité[1] ; vous m'avez promis mariage, et vous ne voulez point faire mariage : c'est manquer aux premières lois de l'honneur ; je vous apprendrai à tenir votre parole, et je vous
15 remettrai dans le chemin de la vertu. »

L'Ingénu possédait une vertu mâle[2] et intrépide, digne de son patron Hercule, dont on lui avait donné le nom à son baptême ; il allait l'exercer dans toute son étendue, lorsqu'aux cris perçants de la demoiselle plus discrètement vertueuse accourut le sage
20 abbé de Saint-Yves, avec sa gouvernante, un vieux domestique dévot et un prêtre de la paroisse. Cette vue modéra le courage de l'assaillant. « Eh, mon Dieu ! mon cher voisin, lui dit l'abbé, que faites-vous là ? — Mon devoir, répliqua le jeune homme ; je remplis mes promesses, qui sont sacrées. »

25 Mlle de Saint-Yves se rajusta[3] en rougissant. On emmena l'Ingénu dans un autre appartement. L'abbé lui remontra l'énormité[4] du procédé. L'Ingénu se défendit sur les privilèges de la loi naturelle, qu'il connaissait parfaitement. L'abbé voulut prouver que la loi positive[5] devait avoir tout l'avantage, et que sans les
30 conventions faites entre les hommes, la loi de nature ne serait presque jamais qu'un brigandage naturel. « Il faut, lui disait-il, des notaires, des prêtres, des témoins, des contrats, des dispenses. » L'Ingénu lui répondit par la réflexion que les sauvages ont toujours faite : « Vous êtes donc de bien malhonnêtes gens,
35 puisqu'il faut entre vous tant de précautions. »

L'abbé eut de la peine à résoudre cette difficulté. « Il y a, dit-il, je l'avoue, beaucoup d'inconstants[6] et de fripons parmi nous, et il y en aurait autant chez les Hurons s'ils étaient rassemblés dans une grande ville ; mais aussi il y a des âmes sages, honnêtes, éclairées,

---

notes

1. **probité** : honnêteté.
2. **vertu mâle** : capacité, puissance, efficacité (au sens où l'on parle des vertus d'un remède) ; allusion grivoise aux exigences sexuelles du héros.
3. **se rajusta** : remit convenablement ses vêtements.
4. **lui remontra l'énormité** : lui démontra le caractère anormal et choquant.
5. **la loi positive** : la loi instituée par les hommes, par opposition à la loi dictée par la nature.
6. **inconstants** : infidèles en amour ou en amitié.

40 et ce sont ces hommes-là qui ont fait les lois. Plus on est homme
de bien, plus on doit s'y soumettre : on donne l'exemple aux
vicieux, qui respectent un frein que la vertu s'est donné elle-
même. »

Cette réponse frappa l'Ingénu. On a déjà remarqué qu'il avait
45 l'esprit juste. On l'adoucit par des paroles flatteuses ; on lui donna
des espérances : ce sont les deux pièges où les hommes des deux
hémisphères se prennent ; on lui presenta même Mlle de Saint-
Yves, quand elle eut fait sa toilette. Tout se passa avec la plus
grande bienséance ; mais, malgré cette décence, les yeux étin-
50 celants de l'Ingénu Hercule firent toujours baisser ceux de sa
maîtresse, et trembler la compagnie.

On eut une peine extrême à le renvoyer chez ses parents. Il
fallut encore employer le crédit[1] de la belle Saint-Yves ; plus elle
sentait son pouvoir sur lui, et plus elle l'aimait. Elle le fit partir, et
55 en fut très affligée[2] ; enfin, quand il fut parti, l'abbé, qui non
seulement était le frère très aîné de Mlle de Saint-Yves, mais qui
était aussi son tuteur, prit le parti de soustraire sa pupille[3] aux
empressements de cet amant redoutable[4]. Il alla consulter le bailli,
qui, destinant toujours son fils à la sœur de l'abbé, lui conseilla de
60 mettre la pauvre fille dans une communauté[5]. Ce fut un coup
terrible : une indifférente qu'on mettrait en couvent jetterait les
hauts cris ; mais une amante, et une amante aussi sage que tendre,
c'était de quoi la mettre au désespoir.

L'Ingénu, de retour chez le prieur, raconta tout avec sa naïveté
65 ordinaire. Il essuya les mêmes remontrances, qui firent quelque
effet sur son esprit, et aucun sur ses sens ; mais le lendemain,
quand il voulut retourner chez sa belle maîtresse pour raisonner
avec elle sur la loi naturelle et sur la loi de convention, monsieur
le bailli lui apprit avec une joie insultante qu'elle était dans un

notes

1. employer le crédit : user de l'influence.
2. affligée : attristée.
3. sa pupille : qui est placée sous sa
responsabilité, puisqu'elle est orpheline.

4. redoutable : « terrible » dans la 1re édition
(correction demandée par Voltaire).
5. Communauté religieuse.

70   couvent. « Eh bien ! dit-il, j'irai raisonner dans ce couvent.
  – Cela ne se peut », dit le bailli. Il lui expliqua fort au long ce que
  c'était qu'un couvent ou un convent ; que ce mot venait du latin
  conventus, qui signifie assemblée ; et le Huron ne pouvait
  comprendre pourquoi il ne pouvait pas être admis dans l'assem-
75   blée. Sitôt qu'il fut instruit que cette assemblée était une espèce
  de prison où l'on tenait les filles renfermées, chose horrible,
  inconnue chez les Hurons et chez les Anglais, il devint aussi
  furieux que le fut son patron Hercule lorsque Euryte, roi
  d'Œchalie, non moins cruel que l'abbé de Saint-Yves, lui refusa
80   la belle Iole sa fille[1], non moins belle que la sœur de l'abbé. Il
  voulait aller mettre le feu au couvent, enlever sa maîtresse, ou se
  brûler avec elle. Mlle de Kerkabon, épouvantée, renonçait plus
  que jamais à toutes les espérances de voir son neveu sous-diacre,
  et disait en pleurant qu'il avait le diable au corps depuis qu'il était
85   baptisé.

**Un chasseur huron-wendat appelant l'orignal,
tableau de Cornelius Krieghoff, v. 1868.**

note

1. Malgré la promesse faite par ce roi de
donner sa fille à celui qui le battrait.

L'Ingénu repousse les Anglais

L'Ingénu, plongé dans une sombre et profonde mélancolie, se promena vers le bord de la mer, son fusil à deux coups sur l'épaule, son grand coutelas au côté, tirant de temps en temps sur quelques oiseaux, et souvent tenté de tirer sur lui-même ; mais il aimait encore la vie, à cause de Mlle de Saint-Yves. Tantôt il maudissait son oncle, sa tante, et toute la Basse-Bretagne, et son baptême ; tantôt il les bénissait, puisqu'ils lui avaient fait connaître celle qu'il aimait. Il prenait sa résolution d'aller brûler le couvent, et il s'arrêtait tout court, de peur de brûler sa maîtresse. Les flots de la Manche ne sont pas plus agités par les vents d'est et d'ouest que son cœur l'était par tant de mouvements contraires[1].

1. Comparaison épique, digne d'Homère, de l'état d'âme du héros avec la mer.

Il marchait à grands pas, sans savoir où, lorsqu'il entendit le son du tambour. Il vit de loin tout un peuple dont une moitié courait au rivage, et l'autre s'enfuyait.

Mille cris s'élèvent de tous côtés ; la curiosité et le courage le précipitent à l'instant vers l'endroit d'où partaient ces clameurs : il y vole en quatre bonds. Le commandant de la milice[1], qui avait soupé avec lui chez le prieur, le reconnut aussitôt ; il court à lui, les bras ouverts : « Ah ! c'est l'Ingénu, il combattra pour nous. » Et les milices, qui mouraient de peur, se rassurèrent et crièrent aussi : « C'est l'Ingénu ! c'est l'Ingénu !

— Messieurs, dit-il, de quoi s'agit-il ? Pourquoi êtes-vous si effarés ? A-t-on mis vos maîtresses dans des couvents ? » Alors cent voix confuses s'écrient : « Ne voyez-vous pas les Anglais qui abordent ? — Eh bien ! répliqua le Huron, ce sont de braves gens ; ils ne m'ont jamais proposé de me faire sous-diacre ; ils ne m'ont point enlevé ma maîtresse. »

Le commandant lui fit entendre que les Anglais venaient piller l'abbaye de la Montagne, boire le vin de son oncle, et peut-être enlever Mlle de Saint-Yves ; que le petit vaisseau sur lequel il avait abordé en Bretagne n'était venu que pour reconnaître la côte ; qu'ils faisaient des actes d'hostilité sans avoir déclaré la guerre au roi de France, et que la province était exposée. « Ah ! si cela est, ils violent la loi naturelle[2] ; laissez-moi faire ; j'ai demeuré longtemps parmi eux, je sais leur langue, je leur parlerai ; je ne crois pas qu'ils puissent avoir un si méchant dessein[3]. »

Pendant cette conversation, l'escadre anglaise approchait ; voilà le Huron qui court vers elle, se jette dans un petit bateau, arrive, monte au vaisseau amiral, et demande s'il est vrai qu'ils viennent ravager le pays sans avoir déclaré la guerre

notes

1. **milice** : rassemblement des habitants d'une localité, qui s'arment pour se défendre.

2. **loi naturelle** : cf. note 5, p. 73.
3. **dessein** : projet, but.

77

honnêtement[1]. L'amiral et tout son bord firent de grands éclats de rire, lui firent boire du punch, et le renvoyèrent.

45 L'Ingénu, piqué, ne songea plus qu'à se bien battre contre ses anciens amis, pour ses compatriotes et pour monsieur le prieur. Les gentilshommes du voisinage accouraient de toutes parts : il se joint à eux ; on avait quelques canons ; il les charge, il les pointe, il les tire l'un après l'autre. Les Anglais débarquent ; il court à eux,
50 il en tue trois de sa main, il blesse même l'amiral, qui s'était moqué de lui. Sa valeur anime le courage de toute la milice ; les Anglais se rembarquent, et toute la côte retentissait des cris de victoire : « Vive le roi, vive l'Ingénu ! » Chacun l'embrassait, chacun s'empressait d'étancher le sang de quelques blessures
55 légères qu'il avait reçues. « Ah ! disait-il, si mademoiselle de Saint-Yves était là, elle me mettrait une compresse. »

Le bailli, qui s'était caché dans sa cave pendant le combat, vint lui faire compliment comme les autres. Mais il fut bien surpris quand il entendit Hercule l'Ingénu dire à une douzaine de jeunes
60 gens de bonne volonté, dont il était entouré. « Mes amis, ce n'est rien d'avoir délivré l'abbaye de la Montagne ; il faut délivrer une fille. » Toute cette bouillante jeunesse prit feu à ces seules paroles. On le suivait déjà en foule, on courait au couvent. Si le bailli n'avait pas sur-le-champ averti le commandant, si on n'avait pas
65 couru après la troupe joyeuse, c'en était fait. On ramena l'Ingénu chez son oncle et sa tante, qui le baignèrent de larmes de joie et[2] de tendresse.

« Je vois bien que vous ne serez jamais ni sous-diacre ni prieur, lui dit l'oncle ; vous serez un officier encore plus brave que mon
70 frère le capitaine, et probablement aussi gueux[3]. » Et Mlle de Kerkabon pleurait toujours en l'embrassant, et en disant : « Il se

notes
─────────────────────────────────

1. honnêtement : selon les lois de l'honneur.
2. Voltaire fait rajouter, dans l'édition Lacombe (1767), « de joie et ».

3. gueux : ici, fripon, peu sage.

fera tuer comme mon frère ; il vaudrait bien mieux qu'il fût sous-diacre. »

L'Ingénu, dans le combat, avait ramassé une grosse bourse
75   remplie de guinées[1], que probablement l'amiral avait laissée tomber. Il ne douta pas qu'avec cette bourse il ne pût acheter toute la Basse-Bretagne, et surtout faire Mlle de Saint-Yves grande dame. Chacun l'exhorta[2] de faire le voyage de Versailles pour y recevoir le prix de ses services. Le commandant, les
80   principaux officiers le comblèrent de certificats. L'oncle et la tante approuvèrent le voyage du neveu. Il devait être, sans difficulté, présenté au roi : cela seul lui donnerait un prodigieux relief[3] dans la province. Ces deux bonnes gens ajoutèrent à la bourse anglaise un présent considérable de leurs épargnes.
85   L'Ingénu disait en lui-même : « Quand je verrai le roi, je lui demanderai Mlle de Saint-Yves en mariage, et certainement il ne me refusera pas. » Il partit donc aux acclamations de tout le canton, étouffé d'embrassements, baigné des larmes de sa tante, béni par son oncle, et se recommandant à la belle Saint-Yves.

notes

1. La guinée, ancienne monnaie anglaise, doit son nom au fait que les premières pièces furent frappées avec de l'or de Guinée.

2. l'exhorta : l'encouragea vivement.
3. prodigieux relief : renommée.

L'Ingénu va en Cour. Il soupe en chemin avec des huguenots

L'Ingénu prit le chemin de Saumur par le coche[1], parce qu'il n'y avait point alors d'autre commodité. Quand il fut à Saumur, il s'étonna de trouver la ville presque déserte, et de voir plusieurs familles qui déménageaient[2]. On lui dit que, six ans auparavant, Saumur contenait plus de quinze mille âmes, et qu'à présent il n'y en avait pas six mille. Il ne manqua pas d'en parler à souper dans son hôtellerie. Plusieurs protestants étaient à table ; les uns se plaignaient amèrement, d'autres frémissaient de colère, d'autres disaient en pleurant :

> *Nos dulcia linquimus arva,*
> *Nos patriam fugimus[3].*

notes ....

1. coche : grande voiture tirée par des chevaux.
2. Saumur abritait un grand nombre de protestants depuis le règne d'Henri IV ; après la Révocation (voir p. 27), la ville dépérit.

3. Virgile, *Bucoliques*, I, v. 3-4.

80

L'Ingénu, qui ne savait pas le latin, se fit expliquer ces paroles, qui signifient : « Nous abandonnons nos douces campagnes, nous fuyons notre patrie. »

15 « Et pourquoi fuyez-vous votre patrie, messieurs ? – C'est qu'on veut que nous reconnaissions le pape. – Et pourquoi ne le reconnaîtriez-vous pas ? Vous n'avez donc point de marraines que vous vouliez épouser ? Car on m'a dit que c'était lui qui en donnait la permission. – Ah ! monsieur, ce pape dit qu'il est le

20 maître du domaine des rois. – Mais, messieurs, de quelle profession êtes-vous ? – Monsieur, nous sommes pour la plupart des drapiers et des fabricants. – Si votre pape dit qu'il est le maître de vos draps et de vos fabriques, vous faites très bien de ne le pas reconnaître ; mais pour les rois, c'est leur affaire : de quoi vous

25 mêlez-vous ? » Alors un petit homme noir[1] prit la parole, et exposa très savamment les griefs[2] de la compagnie. Il parla de la révocation de l'édit de Nantes[3] avec tant d'énergie, il déplora d'une manière si pathétique le sort de cinquante mille familles fugitives et de cinquante mille autres converties par les dragons[4],

30 que l'Ingénu à son tour versa des larmes. « D'où vient donc, disait-il, qu'un si grand roi, dont la gloire s'étend jusque chez les Hurons, se prive ainsi de tant de cœurs qui l'auraient aimé, et de tant de bras qui l'auraient servi ?

– C'est qu'on l'a trompé comme les autres grands rois, répondit

35 l'homme noir. On lui a fait croire que, dès qu'il aurait dit un mot, tous les hommes penseraient comme lui, et qu'il nous ferait changer de religion comme son musicien Lulli[5] fait changer en

passage analysé

notes

1. **petit homme noir :** pasteur protestant.
2. **griefs :** reproches.
3. L'édit de Fontainebleau, en 1685, révoque (annule) l'édit de Nantes de 1598 qui autorisait la religion protestante. Les protestants (ou huguenots) doivent donc abjurer leur foi et se convertir ou bien s'exiler dans des pays réformés ; d'autres enfin choisissent de résister dans des contrées reculées comme les Cévennes, mais sont persécutés par les troupes du roi.

4. **dragons :** soldats de cavalerie. Les *dragonnades* désignent les persécutions exercées sur les protestants.
5. Compositeur d'origine italienne, Jean-Baptiste Lulli (1632-1687) fut le compositeur le plus célèbre du Grand Siècle. Voltaire admirait sa musique.

un moment les décorations de ses opéras. Non seulement il perd déjà cinq à six cent mille sujets très utiles, mais il s'en fait des
40 ennemis ; et le roi Guillaume, qui est actuellement maître de l'Angleterre, a composé plusieurs régiments de ces mêmes Français qui auraient combattu pour leur monarque.

« Un tel désastre est d'autant plus étonnant que le pape régnant[1], à qui Louis XIV sacrifie une partie de son peuple, est
45 son ennemi déclaré. Ils ont encore tous deux, depuis neuf ans, une querelle violente[2]. Elle a été poussée si loin que la France a espéré enfin de voir briser le joug qui la soumet depuis tant de siècles à cet étranger et surtout de ne lui plus donner d'argent, ce qui est le premier mobile des affaires de ce monde. Il paraît donc
50 évident qu'on a trompé ce grand roi sur ses intérêts comme sur l'étendue de son pouvoir, et qu'on a donné atteinte à la magnanimité[3] de son cœur. »

L'Ingénu, attendri de plus en plus, demanda quels étaient les Français qui trompaient ainsi un monarque si cher aux Hurons.
55 « Ce sont les jésuites, lui répondit-on ; c'est surtout le père de La Chaise[4], confesseur de Sa Majesté. Il faut espérer que Dieu les en punira un jour, et qu'ils seront chassés comme ils nous chassent. Y a-t-il un malheur égal aux nôtres ? Mons[5] de Louvois[6] nous envoie de tous côtés des jésuites et des dragons.

60 – Oh bien ! messieurs, répliqua l'Ingénu, qui ne pouvait plus se contenir, je vais à Versailles recevoir la récompense due à mes services ; je parlerai à ce mons de Louvois : on m'a dit que c'est lui qui fait la guerre, de son cabinet. Je verrai le roi, je lui ferai connaître la vérité ; il est impossible qu'on ne se rende pas à cette
65 vérité quand on la sent. Je reviendrai bientôt pour épouser Mlle

passage analysé

notes

1. Il s'agit du pape Innocent XI.
2. Il s'agit de l'affaire de la régale, qui était pour le roi le droit de percevoir les revenus des évêchés pendant leur vacance.
3. **magnanimité** : générosité.
4. Le père de La Chaise (1624-1709), jésuite, était le confesseur de Louis XIV. Il n'est pas certain qu'il ait influencé le roi dans le sens de la Révocation.

5. **Mons** : monseigneur, monsieur (s'emploie par mépris au XVIIIe siècle).
6. François Michel Le Tellier, marquis de Louvois (1639-1691), fut secrétaire d'État à la Guerre et organisateur des armées de Louis XIV. Il était le rival de Colbert.

de Saint-Yves, et je vous prie à la noce. » Ces bonnes gens le prirent alors pour un grand seigneur qui voyageait *incognito* par le coche. Quelques-uns le prirent pour le fou du roi.

Il y avait à table un jésuite déguisé qui servait d'espion au révérend père de La Chaise. Il lui rendait compte de tout, et le père de La Chaise en instruisait mons de Louvois. L'espion écrivit. L'Ingénu et la lettre arrivèrent presque en même temps à Versailles.

Louis XIV par Charles Le Brun (1619-1690).

Chapitre neuvième

Arrivée de l'Ingénu à Versailles.
Sa réception à la Cour

L'Ingénu débarque en pot de chambre[1] dans la cour des cuisines.
Il demande aux porteurs de chaise à quelle heure on peut voir le
roi. Les porteurs lui rient au nez, tout comme avait fait l'amiral
anglais. Il les traita de même, il les battit ; ils voulurent le lui
5 rendre, et la scène allait être sanglante s'il n'eût passé un garde du
corps, gentilhomme breton, qui écarta la canaille. « Monsieur, lui
dit le voyageur, vous me paraissez un brave homme ; je suis le
neveu de monsieur le prieur de Notre-Dame de la Montagne ;
j'ai tué des Anglais, je viens parler au roi ; je vous prie de me
10 mener dans sa chambre. » Le garde, ravi de trouver un brave de
sa province, qui ne paraissait pas au fait[2] des usages de la Cour, lui
apprit qu'on ne parlait pas ainsi au roi, et qu'il fallait être présenté

notes

1. « C'est une voiture de Paris à Versailles,
laquelle ressemble à un petit tombereau
couvert. » (Note de Voltaire.)

2. **au fait** : au courant.

par monseigneur de Louvois. « Eh bien, emmenez-moi donc chez ce monseigneur de Louvois, qui sans doute me conduira chez Sa Majesté. – Il est encore plus difficile, répliqua le garde, de parler à monseigneur de Louvois qu'à Sa Majesté ; mais je vais vous conduire chez M. Alexandre[1], le premier commis de la Guerre : c'est comme si vous parliez au ministre. » Ils vont donc chez ce M. Alexandre, premier commis, et ils ne purent être introduits ; il était en affaire avec une dame de la Cour, et il y avait ordre de ne laisser entrer personne. « Eh bien ! dit le garde, il n'y a rien de perdu ; allons chez le premier commis de M. Alexandre : c'est comme si vous parliez à M. Alexandre lui-même. »

Le Huron, tout étonné, le suit ; ils restent ensemble une demi-heure dans une petite antichambre[2]. « Qu'est-ce donc que tout ceci ? dit l'Ingénu ; est-ce que tout le monde est invisible dans ce pays-ci ? Il est bien plus aisé de se battre en Basse-Bretagne contre des Anglais que de rencontrer à Versailles les gens à qui on a affaire. » Il se désennuya en racontant ses amours à son compatriote. Mais l'heure en sonnant rappela le garde du corps à son poste. Ils se promirent de se revoir le lendemain, et l'Ingénu resta encore une autre demi-heure dans l'antichambre, en rêvant à Mlle de Saint-Yves, et à la difficulté de parler aux rois et aux premiers commis.

Enfin le patron parut. « Monsieur, lui dit l'Ingénu, si j'avais attendu pour repousser les Anglais aussi longtemps que vous m'avez fait attendre mon audience, ils ravageraient actuellement la Basse-Bretagne tout à leur aise. » Ces paroles frappèrent le commis. Il dit enfin au Breton : « Que demandez-vous ? – Récompense, dit l'autre ; voici mes titres. » Il lui étala tous ses certificats. Le commis lut, et lui dit que probablement on lui

1. Alexandre : personnage réel, qui a été premier commis (haut fonctionnaire) au ministère de la Guerre.

2. antichambre : chambre qui précède la pièce principale ; équivalent d'une salle d'attente.

Madame de Maintenon et le Père La Chaise entourant Louis XIV.

accorderait la permission d'acheter une lieutenance[1]. « Moi ! que je donne de l'argent pour avoir repoussé les Anglais ? que je paye

45 le droit de me faire tuer pour vous, pendant que vous donnez ici vos audiences tranquillement ? Je crois que vous voulez rire. Je veux une compagnie de cavalerie pour rien ; je veux que le roi fasse sortir Mlle de Saint-Yves du couvent, et qu'il me la donne par mariage. Je veux parler au roi en faveur de cinquante mille

50 familles que je prétends lui rendre. En un mot, je veux être utile : qu'on m'emploie et qu'on m'avance[2].

– Comment vous nommez-vous, monsieur, qui parlez si haut ?
– Oh ! oh ! reprit l'Ingénu, vous n'avez donc pas lu mes certificats ? C'est donc ainsi qu'on en use ? Je m'appelle Hercule de

55 Kerkabon ; je suis baptisé, je loge au Cadran bleu[3], et je me plaindrai de vous au roi. » Le commis conclut, comme les gens de Saumur, qu'il n'avait pas la tête bien saine, et n'y fit pas grande attention.

Ce même jour, le révérend père de La Chaise, confesseur de

60 Louis XIV, avait reçu la lettre de son espion, qui accusait le Breton Kerkabon de favoriser dans son cœur les huguenots, et de condamner la conduite des jésuites. M. de Louvois, de son côté, avait reçu une lettre de l'interrogant bailli, qui dépeignait l'Ingénu comme un garnement qui voulait brûler les couvents et

65 enlever les filles.

L'Ingénu, après s'être promené dans les jardins de Versailles, où il s'ennuya, après avoir soupé en Huron et en Bas-Breton, s'était couché dans la douce espérance de voir le roi le lendemain, d'obtenir Mlle de Saint-Yves en mariage, d'avoir au moins une

70 compagnie de cavalerie, et de faire cesser la persécution contre les huguenots. Il se berçait de ces flatteuses idées, quand la

---

notes

1. **lieutenance** : charge d'officier qui s'achète. Sous l'Ancien Régime, un grand nombre d'emplois dans l'armée et dans la magistrature s'achètent ; on parle alors de la vénalité des charges.

2. **m'avance** : me donne de l'avancement.
3. **Cadran bleu** : nom d'une auberge à Paris.

maréchaussée[1] entra dans sa chambre. Elle se saisit d'abord de son fusil à deux coups et de son grand sabre.

On fit un inventaire de son argent comptant, et on le mena dans
75 le château que fit construire le roi Charles V, fils de Jean II, auprès de la rue St Antoine, à la porte des Tournelles[2].

Quel était en chemin l'étonnement de l'Ingénu, je vous le laisse à penser. Il crut d'abord que c'était un rêve. Il resta dans l'engourdissement ; puis tout à coup, transporté d'une fureur qui
80 redoublait ses forces, il prend à la gorge deux de ses conducteurs, qui étaient avec lui dans le carrosse, les jette par la portière, se jette après eux, et entraîne le troisième, qui voulait le retenir. Il tombe de l'effort, on le lie, on le remonte dans la voiture. « Voilà donc, disait-il, ce que l'on gagne à chasser les Anglais de la Basse-
85 Bretagne ! Que dirais-tu, belle Saint-Yves, si tu me voyais dans cet état ? »

On arrive enfin au gîte[3] qui lui était destiné. On le porte en silence dans la chambre où il devait être enfermé, comme un mort qu'on porte dans un cimetière. Cette chambre était déjà
90 occupée par un vieux solitaire de Port-Royal[4], nommé Gordon, qui y languissait depuis deux ans. « Tenez, lui dit le chef des sbires[5], voilà de la compagnie que je vous amène » ; et sur-le-champ on referma les énormes verrous de la porte épaisse, revêtue de larges barres. Les deux captifs restèrent séparés de
95 l'univers entier.

notes

1. **maréchaussée** : équivalent de la gendarmerie.
2. **Longue périphrase qui désigne la Bastille**, prison réservée généralement aux délits d'opinion. Voltaire y séjourna en 1717 et en 1726.

3. **gîte** : toit, foyer.
4. **solitaire de Port-Royal** : janséniste*. Les jansénistes s'étaient installés au monastère de Port-Royal-des-Champs ; ils étaient appelés « les solitaires de Port-Royal ».
5. **sbires** : gardes (péjoratif).

Chapitre dixième

L'Ingénu enfermé à la Bastille
avec un janséniste

M. Gordon était un vieillard frais et serein, qui savait deux grandes choses : supporter l'adversité[1] et consoler les malheureux. Il s'avança d'un air ouvert et compatissant vers son compagnon, et lui dit en l'embrassant : « Qui que vous soyez qui venez

5   partager mon tombeau, soyez sûr que je m'oublierai toujours moi-même pour adoucir vos tourments dans l'abîme infernal où nous sommes plongés. Adorons la Providence[2] qui nous y a conduits, souffrons en paix et espérons. » Ces paroles firent sur l'âme de l'Ingénu l'effet des gouttes d'Angleterre[3], qui rappellent

10   un mourant à la vie, et lui font entrouvrir des yeux étonnés.

Après les premiers compliments, Gordon, sans le presser de lui apprendre la cause de son malheur, lui inspira, par la douceur de

notes ....

1. adversité : destin contraire, qui apporte des malheurs.
2. Providence : le projet du Créateur qui a tout prévu pour nous (*cf.* note 2, p. 56).

3. gouttes d'Angleterre : médicament qui ranime.

son entretien, et par cet intérêt que prennent deux malheureux l'un à l'autre, le désir d'ouvrir son cœur et de déposer le fardeau
15 qui l'accablait ; mais il ne pouvait deviner le sujet de son malheur : cela lui paraissait un effet sans cause, et le bonhomme Gordon était aussi étonné que lui-même.

« Il faut, dit le janséniste au Huron, que Dieu ait de grands desseins sur vous, puisqu'il vous a conduit du lac Ontario en
20 Angleterre et en France, qu'il vous a fait baptiser en Basse Bretagne, et qu'il vous a mis ici pour votre salut[1]. – Ma foi, répondit l'Ingénu ; je crois que le diable s'est mêlé seul de ma destinée. Mes compatriotes d'Amérique ne m'auraient jamais traité avec la barbarie que j'éprouve : ils n'en ont pas d'idée. On
25 les appelle *sauvages* ; ce sont des gens de bien grossiers, et les hommes de ce pays-ci sont des coquins raffinés. Je suis, à la vérité, bien surpris d'être venu d'un autre monde pour être enfermé dans celui-ci sous quatre verrous avec un prêtre ; mais je fais réflexion au nombre prodigieux d'hommes qui partent d'un
30 hémisphère pour aller se faire tuer dans l'autre, ou qui font naufrage en chemin, et qui sont mangés des poissons : je ne vois pas les gracieux desseins de Dieu sur tous ces gens-là. »

On leur apporta à dîner par un guichet[2]. La conversation roula sur la Providence, sur les lettres de cachet[3], et sur l'art de ne pas
35 succomber aux disgrâces auxquelles tout homme est exposé dans ce monde. « Il y a deux ans que je suis ici, dit le vieillard, sans autre consolation que moi-même et des livres ; je n'ai pas eu un moment de mauvaise humeur.

– Ah ! monsieur Gordon, s'écria l'Ingénu, vous n'aimez donc
40 pas votre marraine ? Si vous connaissiez comme moi Mlle de Saint-Yves, vous seriez au désespoir. » À ces mots il ne put retenir ses larmes, et il se sentit alors un peu moins oppressé. « Mais,

notes

1. Salut de l'âme après la mort.
2. **guichet** : petite ouverture pratiquée dans une porte pour y faire passer des objets.

3. **lettres de cachet** : permettant une incarcération sans procès, ces lettres sont données comme l'exemple de l'arbitraire le plus scandaleux.

dit-il, pourquoi donc les larmes soulagent-elles ? Il me semble qu'elles devraient faire un effet contraire.

45 — Mon fils, tout est physique en nous, dit le bon vieillard ; toute sécrétion fait du bien au corps ; et tout ce qui le soulage soulage l'âme : nous sommes les machines de la Providence. »

L'Ingénu, qui, comme nous l'avons dit plusieurs fois, avait un grand fonds d'esprit, fit de profondes réflexions sur cette idée,
50 dont il semblait qu'il avait la semence en lui-même. Après quoi il demanda à son compagnon pourquoi sa machine était depuis deux ans sous quatre verrous. « Par la grâce efficace[1], répondit Gordon ; je passe pour janséniste : j'ai connu Arnauld et Nicole[2] ; les jésuites nous ont persécutés. Nous croyons que le pape n'est
55 qu'un évêque comme un autre ; et c'est pour cela que le père de La Chaise a obtenu du roi, son pénitent[3], un ordre de me ravir, sans aucune formalité de justice, le bien le plus précieux des hommes, la liberté.

— Voilà qui est bien étrange, dit l'Ingénu ; tous les malheureux
60 que j'ai rencontrés ne le sont qu'à cause du pape. À l'égard de votre grâce efficace, je vous avoue que je n'y entends rien ; mais je regarde comme une grande grâce que Dieu m'ait fait trouver dans mon malheur un homme comme vous, qui verse dans mon cœur des consolations dont je me croyais incapable. »

65 Chaque jour la conversation devenait plus intéressante et plus instructive. Les âmes des deux captifs s'attachaient l'une à l'autre. Le vieillard savait beaucoup, et le jeune homme voulait beaucoup apprendre. Au bout d'un mois il étudia la géométrie ; il la dévorait. Gordon lui fit lire la *Physique* de Rohault[4], qui était
70 encore à la mode, et il eut le bon esprit de n'y trouver que des incertitudes.

notes

1. Les jansénistes* distinguent la « grâce efficace » et la « grâce suffisante » : la première est accordée aux élus par Dieu ; la seconde, qui échoit à tout le monde, suffit pour être sauvé, selon les molinistes*.

2. Antoine Arnauld et Pierre Nicole sont deux défenseurs célèbres du jansénisme.
3. pénitent : personne qui confesse ses péchés. La précision signale que le père de La Chaise jouit d'une grande influence sur Louis XIV.
4. Auteur d'un *Traité de physique* (xviie siècle).

Ensuite il lut le premier volume de la *Recherche de la vérité*[1]. Cette nouvelle lumière l'éclaira. « Quoi ! dit-il, notre imagination et nos sens nous trompent à ce point ! quoi ! les objets ne
75 forment point nos idées, et nous ne pouvons nous les donner nous-mêmes ! » Quand il eut lu le second volume, il ne fut plus si content, et il conclut qu'il est plus aisé de détruire que de bâtir.

Son confrère, étonné qu'un jeune ignorant fît cette réflexion, qui n'appartient qu'aux âmes exercées, conçut une grande idée
80 de son esprit et s'attacha à lui davantage.

« Votre Malebranche, lui dit un jour l'Ingénu, me paraît avoir écrit la moitié de son livre avec sa raison, et l'autre avec son imagination et ses préjugés. »

Quelques jours après, Gordon lui demanda : « Que pensez-
85 vous donc de l'âme, de la manière dont nous recevons nos idées, de notre volonté, de la grâce, du libre arbitre ? – Rien, lui repartit l'Ingénu ; si je pensais quelque chose, c'est que nous sommes sous la puissance de l'Être éternel comme les astres et les éléments ; qu'il fait tout en nous, que nous sommes de petites roues de la
90 machine immense dont il est l'âme ; qu'il agit par des lois générales et non par des vues particulières ; cela seul me paraît intelligible, tout le reste est pour moi un abîme de ténèbres[2].

– Mais, mon fils, ce serait faire Dieu auteur du péché !

– Mais, mon père, votre grâce efficace ferait Dieu auteur du
95 péché aussi : car il est certain que tous ceux à qui cette grâce serait refusée pécheraient ; et qui nous livre au mal n'est-il pas l'auteur du mal ? »

Cette naïveté embarrassait fort le bonhomme[3] ; il sentait qu'il faisait de vains efforts pour se tirer de ce bourbier ; et il entassait
100 tant de paroles qui paraissaient avoir du sens et qui n'en avaient

notes

1. Ouvrage du philosophe français Nicolas de Malebranche (1638-1715), disciple de Descartes.

2. L'Ingénu énonce la thèse déiste, constamment défendue par Voltaire : Dieu a créé le monde et les hommes, il ne s'intéresse pas aux destinées individuelles.
3. bonhomme : homme de bien.

point (dans le goût de la prémotion physique[1]), que l'Ingénu en avait pitié. Cette question tenait évidemment à l'origine du bien et du mal ; et alors il fallait que le pauvre Gordon passât en revue la boîte de Pandore, l'œuf d'Orosmade percé par Arimane,
105 l'inimitié entre Typhon et Osiris, et enfin le péché originel[2] ; et ils couraient l'un et l'autre dans cette nuit profonde, sans jamais se rencontrer. Mais enfin ce roman de l'âme détournait leur vue de la contemplation de leur propre misère ; et, par un charme étrange, la foule des calamités répandues sur l'univers diminuait la
110 sensation de leurs peines : ils n'osaient se plaindre quand tout souffrait.

Mais, dans le repos de la nuit, l'image de la belle Saint-Yves effaçait dans l'esprit de son amant toutes les idées de métaphysique et de morale. Il se réveillait les yeux mouillés de larmes ; et
115 le vieux janséniste oubliait sa grâce efficace, et l'abbé de Saint-Cyran[3], et Jansénius[4], pour consoler un jeune homme qu'il croyait en péché mortel.

Après leurs lectures, après leurs raisonnements, ils parlaient encore de leurs aventures ; et, après en avoir inutilement parlé, ils
120 lisaient ensemble ou séparément. L'esprit du jeune homme se fortifiait de plus en plus. Il serait surtout allé très loin en mathématiques, sans les distractions que lui donnait Mlle de Saint-Yves.

Il lut des histoires[5], elles l'attristèrent. Le monde lui parut trop
125 méchant et trop misérable. En effet, l'histoire n'est que le tableau des crimes et des malheurs. La foule des hommes innocents et paisibles disparaît toujours sur ces vastes théâtres. Les personnages ne sont que des ambitieux pervers. Il semble que l'histoire ne

---

notes

1. **prémotion physique** : impulsion divine qui, d'après la doctrine thomiste (théories de saint Thomas d'Aquin, fondées sur les cinq preuves de l'existence de Dieu), pousse toute créature à agir librement.
2. Divers récits mythologiques qui ont tous pour fonction d'expliquer l'origine du Bien et du Mal.
3. L'abbé de Saint-Cyran fut l'introducteur du jansénisme en France.
4. Jansénius (1585-1638), théologien hollandais, auteur de l'*Augustinus* (posthume, 1640), exposé de la pensée de saint Augustin et texte fondateur de la doctrine janséniste.
5. **histoires** : ouvrages historiques.

plaise que comme la tragédie, qui languit si elle n'est animée par
130 les passions, les forfaits et les grandes infortunes. Il faut armer Clio
du poignard comme Melpomène[1].

Quoique l'histoire de France soit remplie d'horreurs ainsi que
toutes les autres, cependant elle lui parut si dégoûtante dans ses
commencements, si sèche dans son milieu, si petite enfin, même
135 du temps de Henri IV[2], toujours si dépourvue de grands monuments, si étrangère à ces belles découvertes qui ont illustré
d'autres nations, qu'il était obligé de lutter contre l'ennui pour
lire tous ces détails de calamités obscures resserrées dans un coin
du monde.

140 Gordon pensait comme lui. Tous deux riaient de pitié quand il
était question des souverains de Fezensac, de Fesansaguet et
d'Astarac[3]. Cette étude en effet ne serait bonne que pour leurs
héritiers, s'ils en avaient. Les beaux siècles de la République
romaine le rendirent quelque temps indifférent pour le reste de la
145 terre. Le spectacle de Rome victorieuse et législatrice des nations
occupait son âme entière. Il s'échauffait en contemplant ce
peuple qui fut gouverné sept cents ans par l'enthousiasme de la
liberté et de la gloire.

Ainsi se passaient les jours, les semaines, les mois ; et il se serait
150 cru heureux dans le séjour du désespoir, s'il n'avait point aimé.

Son bon naturel s'attendrissait encore sur le prieur de Notre-
Dame de la Montagne, et sur la sensible Kerkabon. « Que
penseront-ils, répétait-il souvent, quand ils n'auront point de mes
nouvelles ? Ils me croiront un ingrat. » Cette idée le tourmentait ;
155 il plaignait ceux qui l'aimaient, beaucoup plus qu'il ne se plaignait
lui-même.

---

notes

1. Clio, muse de l'Histoire et de la Poésie, et
Melpomène, muse de la Tragédie, dans la
mythologie grecque.
2. Voltaire est un admirateur du roi Henri IV,
modèle de tolérance. Il en a fait le héros de sa
Henriade (1723).

3. Allusion railleuse à la féodalité, en
l'occurrence à la petite noblesse gasconne.

Comment l'Ingénu développe
son génie

La lecture agrandit l'âme, et un ami éclairé la console. Notre
captif jouissait de ces deux avantages qu'il n'avait pas soupçonnés
auparavant. « Je serais tenté, dit-il, de croire aux métamorphoses,
car j'ai été changé de brute en homme. » Il se forma une
5   bibliothèque choisie d'une partie de son argent dont on lui
permettait de disposer. Son ami l'encouragea à mettre par écrit ses
réflexions. Voici ce qu'il écrivit sur l'histoire ancienne :

    « Je m'imagine que les nations ont été longtemps comme moi,
qu'elles ne se sont instruites que fort tard, qu'elles n'ont été
10 occupées pendant des siècles que du moment présent qui coulait,
très peu du passé et jamais de l'avenir. J'ai parcouru cinq ou six
cents lieues du Canada, je n'y ai pas trouvé un seul monument ;
personne n'y sait rien de ce qu'a fait son bisaïeul. Ne serait-ce pas
là l'état naturel de l'homme ? L'espèce de ce continent-ci me
15 paraît supérieure à celle de l'autre. Elle a augmenté son être
depuis plusieurs siècles par les arts et par les connaissances. Est-ce

parce qu'elle a de la barbe au menton, et que Dieu a refusé la barbe aux Américains ? Je ne le crois pas ; car je vois que les Chinois n'ont presque point de barbe, et qu'ils cultivent les arts
20 depuis plus de cinq mille années. En effet, s'ils ont plus de quatre mille ans d'annales, il faut bien que la nation ait été rassemblée et florissante depuis plus de cinquante siècles.

« Une chose me frappe surtout dans cette ancienne histoire de la Chine[1], c'est que presque tout y est vraisemblable et naturel. Je
25 l'admire en ce qu'il n'y a rien de merveilleux[2].

« Pourquoi toutes les autres nations se sont-elles donné des origines fabuleuses ? Les anciens chroniqueurs de l'histoire de France, qui ne sont pas fort anciens, font venir les Français d'un Francus, fils d'Hector[3]. Les Romains se disaient issus d'un Phry-
30 gien[4], quoiqu'il n'y eût pas dans leur langue un seul mot qui eût le moindre rapport à la langue de Phrygie. Les dieux avaient habité dix mille ans en Égypte et les diables en Scythie, où ils avaient engendré les Huns[5]. Je ne vois, avant Thucydide[6], que des romans semblables aux *Amadis*[7], et beaucoup moins amusants. Ce
35 sont partout des apparitions, des oracles, des prodiges, des sorti-lèges, des métamorphoses, des songes expliqués, et qui font la destinée des plus grands empires et des plus petits États : ici des bêtes qui parlent, là des bêtes qu'on adore, des dieux transformés en hommes, et des hommes transformés en dieux. Ah ! s'il nous
40 faut des fables, que ces fables soient du moins l'emblème de la

notes
‾‾‾‾‾‾‾‾‾‾‾‾‾‾‾‾‾‾‾‾‾‾‾‾‾‾‾‾‾‾‾‾‾‾‾‾

1. Voltaire exprime souvent de l'admiration pour la Chine, son niveau élevé de connaissance et la forme de son gouvernement, qui tient le clergé à distance. Voir, dans son *Dictionnaire philosophique*, l'article « De la Chine ».
2. merveilleux : qui échappe au naturel.
3. Voltaire se moque des légendes sur les origines des nations. Ici, il fait allusion à Ronsard dans *La Franciade*, qui, à l'instar de Virgile dans l'*Énéide*, rattache la fondation de la France à un héros venu de Troie, fils d'Hector.

4. Allusion à l'*Énéide* de Virgile dont le héros Énée émigre dans le Latium.
5. Les Grecs croyaient que l'Égypte avait été gouvernée par des dieux avant de l'être par les hommes. En revanche, ils pensaient que les Huns, des barbares, descendaient des diables.
6. Thucydide (ve s. av. J.-C), historien grec considéré comme le précurseur de la science historique (il élimina le recours à la mythologie).
7. *Amadis de Gaule*, célèbre roman de chevalerie espagnol du xive siècle, encore très apprécié au xviiie siècle.

vérité ! J'aime les fables des philosophes, je ris de celles des enfants, et je hais celles des imposteurs. »

Il tomba un jour sur une histoire de l'empereur Justinien[1]. On y lisait que des apédeutes[2] de Constantinople[3] avaient donné, en
45 très mauvais grec, un édit contre le plus grand capitaine du siècle, parce que ce héros avait prononcé ces paroles dans la chaleur de la conversation : *La vérité luit de sa propre lumière, et on n'éclaire pas les esprits avec les flammes des bûchers*[4]. Les apédeutes assurèrent que cette proposition était hérétique, sentant l'hérésie[5], et que
50 l'axiome contraire était catholique, universel, et grec : *On n'éclaire les esprits qu'avec la flamme des bûchers, et la vérité ne saurait luire de sa propre lumière*. Ces linostoles[6] condamnèrent ainsi plusieurs discours du capitaine, et donnèrent un édit.

« Quoi ! s'écria l'Ingénu, des édits rendus par ces gens-là !
55 — Ce ne sont point des édits, répliqua Gordon, ce sont des contre-édits, dont tout le monde se moquait à Constantinople, et l'empereur tout le premier : c'était un sage prince, qui avait su réduire les apédeutes linostoles à ne pouvoir faire que du bien. Il savait que ces messieurs-là et plusieurs autres pastophores[7] avaient
60 lassé de contre-édits la patience des empereurs ses prédécesseurs en matière plus grave.

— Il fit fort bien, dit l'Ingénu ; on doit soutenir les pastophores et les contenir. »

Il mit par écrit beaucoup d'autres réflexions qui épouvantèrent
65 le vieux Gordon. « Quoi ! dit-il en lui-même, j'ai consumé cinquante ans à m'instruire, et je crains de ne pouvoir atteindre au

notes

1. Justinien Ier (482-565), empereur romain d'Orient qui affirma la toute-puissance du droit romain et fit construire les grands monuments de l'art byzantin (Sainte-Sophie de Constantinople).
2. **apédeutes** : ignorants, personnes sans éducation.
3. **Constantinople** : capitale de l'Empire romain d'Orient (anciennement Byzance, aujourd'hui Istanbul).
4. Allusion voilée à l'actualité : en 1767, les ignorants (ou « apédeutes »), docteurs de la Sorbonne, censuraient le *Bélisaire* de son ami Jean-François Marmontel (1723-1799), dont le héros éponyme* incarne la tolérance. Bélisaire est le nom d'un général byzantin du VIe siècle.
5. **hérésie** : doctrine contraire à la foi, condamnée par l'Église catholique ; toute doctrine contraire aux dogmes* établis dans une quelconque religion.
6. **linostoles** : vêtus de lin (néologisme de Voltaire).
7. **pastophores** : prêtres porteurs de statues dans les cérémonies grecques.

bon sens naturel de cet enfant presque sauvage ! je tremble d'avoir laborieusement fortifié des préjugés ; il n'écoute que la simple nature. »

70   Le bonhomme avait quelques-uns de ces petits livres de critique, de ces brochures périodiques où des hommes incapables de rien produire dénigrent les productions des autres, où les Visé insultent aux Racine, et les Faydit aux Fénelon[1]. L'Ingénu en parcourut quelques-uns. « Je les compare, disait-il, à certains
75 moucherons qui vont déposer leurs œufs dans le derrière des plus beaux chevaux : cela ne les empêche pas de courir. » À peine les deux philosophes daignèrent-ils jeter les yeux sur ces excréments de la littérature.

    Ils lurent bientôt[2] ensemble les éléments de l'astronomie ;
80 l'Ingénu fit venir des sphères : ce grand spectacle le ravissait. « Qu'il est dur, disait-il, de ne commencer à connaître le ciel que lorsqu'on me ravit le droit de le contempler ! Jupiter et Saturne roulent dans ces espaces immenses ; des millions de soleils éclairent des milliards de mondes ; et dans le coin de terre où je suis
85 jeté, il se trouve des êtres qui me privent, moi être voyant et pensant, de tous ces mondes où ma vue pourrait atteindre, et de celui où Dieu m'a fait naître ! La lumière faite pour tout l'univers est perdue pour moi. On ne me la cachait pas dans l'horizon septentrional où j'ai passé mon enfance et ma jeunesse. Sans vous,
90 mon cher Gordon, je serais ici dans le néant. »

---

notes

1. Voltaire vise ici les critiques de second ordre qui ont l'audace de dénigrer les grands auteurs : Jean Donneau de Visé (1638-1710) osa s'attaquer à Racine et à Molière, tandis que l'ecclésiastique Faydit (1640-1709) s'en prit au *Télémaque* de Fénelon.
2. bientôt : en peu de temps.

chapitre douzième

Ce que l'Ingénu pense
des pièces de théâtre

Le jeune Ingénu ressemblait à un de ces arbres vigoureux qui, nés dans un sol ingrat, étendent en peu de temps leurs racines et leurs branches quand ils sont transplantés dans un terrain favorable ; et il était bien extraordinaire qu'une prison fût ce terrain.

5   Parmi les livres qui occupaient le loisir des deux captifs, il se trouva des poésies, des traductions de tragédies grecques, quelques pièces du théâtre français. Les vers qui parlaient d'amour portèrent à la fois dans l'âme de l'Ingénu le plaisir et la douleur. Ils lui parlaient tous de sa chère Saint-Yves. La fable des *Deux*

10 *pigeons*[1] lui perça le cœur : il était bien loin de pouvoir revenir à son colombier[2].

notes

1. La Fontaine, *Fables* (IX, 2). Cette fable évoque la séparation des amis ou des amants et blâme l'intention d'un des deux pigeons de vouloir découvrir le monde.

2. colombier : terme métaphorique inspiré par la fable, le « colombier » de l'Ingénu est le séjour où il retrouvera la belle Saint-Yves.

Molière l'enchanta. Il lui faisait connaître les mœurs de Paris et du genre humain. « À laquelle de ses comédies donnez-vous la préférence ? – Au *Tartuffe*, sans difficulté. – Je pense comme
15 vous, dit Gordon ; c'est un tartuffe[1] qui m'a plongé dans ce cachot, et peut-être ce sont des tartuffes qui ont fait votre malheur. Comment trouvez-vous ces tragédies grecques ? – Bonnes pour des Grecs », dit l'Ingénu. Mais quand il lut l'*Iphigénie* moderne, *Phèdre*, *Andromaque*, *Athalie*[2], il fut en extase,
20 il soupira[3], il versa des larmes, il les sut par cœur sans avoir envie de les apprendre.

« Lisez *Rodogune*[4], lui dit Gordon ; on dit que c'est le chef-d'œuvre du théâtre ; les autres pièces qui vous ont fait tant de plaisir sont peu de chose en comparaison. » Le jeune homme, dès
25 la première page, lui dit : « Cela n'est pas du même auteur. – À quoi le voyez-vous ? – Je n'en sais rien encore ; mais ces vers-là ne vont ni à mon oreille ni à mon cœur. – Oh ! ce n'est rien que les vers », répliqua Gordon. L'Ingénu répondit : « Pourquoi donc en faire ? »

30 Après avoir lu très attentivement la pièce, sans autre dessein que celui d'avoir du plaisir, il regardait son ami avec des yeux secs et étonnés, et ne savait que dire. Enfin, pressé de rendre compte de ce qu'il avait senti, voici ce qu'il répondit : « Je n'ai guère entendu le commencement ; j'ai été révolté du milieu ; la
35 dernière scène m'a beaucoup ému, quoiqu'elle me paraisse peu vraisemblable : je ne me suis intéressé pour personne, et je n'ai pas retenu vingt vers, moi qui les retiens tous quand ils me plaisent.

– Cette pièce passe pourtant pour la meilleure que nous ayons.
40 – Si cela est, répliqua-t-il, elle est peut-être comme bien des gens

notes ....

1. Antonomase ; le nom propre d'un personnage (Tartuffe) devient un nom commun désignant un hypocrite.
2. Tragédies de Jean Racine. Voltaire admire Molière et Racine.
3. Non d'ennui, mais d'émotion.

4. Tragédie de Pierre Corneille. Le vieux janséniste apprécie Corneille, tandis que l'Ingénu préfère Racine dont les vers sont plus musicaux et plus émouvants. C'est l'Ingénu qui est le porte-parole des goûts de Voltaire.

qui ne méritent pas leurs places. Après tout, c'est ici une affaire de goût : le mien ne doit pas encore être formé ; je peux me tromper ; mais vous savez que je suis assez accoutumé à dire ce que je pense, ou plutôt ce que je sens. Je soupçonne qu'il y a
45 souvent de l'illusion, de la mode, du caprice, dans les jugements des hommes. J'ai parlé d'après la nature[1] : il se peut que chez moi la nature soit très imparfaite ; mais il se peut aussi qu'elle soit quelquefois peu consultée par la plupart des hommes. » Alors il récita des vers d'*Iphigénie*, dont il était plein, et quoiqu'il ne
50 déclamât[2] pas bien, il y mit tant de vérité et d'onction[3] qu'il fit pleurer le vieux janséniste. Il lut ensuite *Cinna*[4] ; il ne pleura point, mais il admira. « Je suis fâché pourtant, dit-il, que cette brave fille reçoive tous les jours des rouleaux de l'homme qu'elle veut faire assassiner. Je lui dirais volontiers ce que j'ai lu dans *Les*
55 *Plaideurs* : Eh ! rendez donc l'argent ![5] »

notes

1. **d'après la nature :** en suivant mon goût naturel, sans être influencé par les modes et les préjugés.
2. **déclamât :** récitât à haute voix et d'une façon solennelle. L'Ingénu ignore les règles de la déclamation mais il émeut, il sait communiquer sa propre émotion.
3. **onction :** douceur persuasive.

4. Tragédie de Corneille.
5. Cette dernière phrase manque dans toutes les éditions anciennes. Voltaire fait allusion à l'argent que reçoit Émilie de l'empereur Auguste, à titre de pension. Ces considérations matérielles dans une tragédie sont indignes d'un genre noble.

Chapitre treizième

La belle Saint-Yves va à Versailles

Pendant que notre infortuné[1] s'éclairait plus qu'il ne se consolait ; pendant que son génie, étouffé depuis si longtemps, se déployait avec tant de rapidité et de force ; pendant que la nature, qui se perfectionnait en lui, le vengeait des outrages de la fortune, que devinrent monsieur le prieur et sa bonne sœur, et la belle recluse[2] Saint-Yves ? Le premier mois on fut inquiet, et au troisième on fut plongé dans la douleur. Les fausses conjectures[3], les bruits mal fondés alarmèrent. Au bout de six mois on le crut mort. Enfin M. et Mlle de Kerkabon apprirent, par une ancienne lettre qu'un garde du roi avait écrite en Bretagne, qu'un jeune homme semblable à l'Ingénu était arrivé un soir à Versailles, mais qu'il avait été enlevé pendant la nuit, et que depuis ce temps personne n'en avait entendu parler.

5

10

notes
....

| 1. infortuné : malheureux.
| 2. recluse : prisonnière.

| 3. conjectures : hypothèses.

« Hélas ! dit Mlle de Kerkabon, notre neveu aura fait quelque
15 sottise et se sera attiré de fâcheuses affaires. Il est jeune, il est
Bas-Breton, il ne peut savoir comme on doit se comporter à la
Cour. Mon cher frère, je n'ai jamais vu Versailles ni Paris ; voici
une belle occasion, nous retrouverons peut-être notre pauvre
neveu : c'est le fils de notre frère ; notre devoir est de le secourir.
20 Qui sait si nous ne pourrons point parvenir enfin à le faire
sous-diacre, quand la fougue de la jeunesse sera amortie ? Il avait
beaucoup de dispositions pour les sciences[1]. Vous souvenez-vous
comme il raisonnait sur l'Ancien et sur le Nouveau Testament ?
Nous sommes responsables de son âme ; c'est nous qui l'avons fait
25 baptiser ; sa chère maîtresse Saint-Yves passe les journées à
pleurer. En vérité, il faut aller à Paris. S'il est caché dans
quelqu'une de ces vilaines maisons de joie[2] dont on m'a fait tant
de récits, nous l'en tirerons. » Le prieur fut touché des discours de
sa sœur. Il alla trouver l'évêque de Saint-Malo, qui avait baptisé
30 le Huron, et lui demanda sa protection et ses conseils. Le prélat[3]
approuva le voyage. Il donna au prieur des lettres de recomman-
dation pour le père de La Chaise, confesseur du roi, qui avait la
première dignité du royaume, pour l'archevêque de Paris
Harlay[4], et pour l'évêque de Meaux Bossuet[5].
35 Enfin le frère et la sœur partirent ; mais, quand ils furent arrivés
à Paris, ils se trouvèrent égarés comme dans un vaste labyrinthe,
sans fil et sans issue. Leur fortune était médiocre ; il leur fallait
tous les jours des voitures pour aller à la découverte, et ils ne
découvraient rien.
40 Le prieur se présenta chez le révérend père de La Chaise : il
était avec Mlle du Tron[6], et ne pouvait donner audience à des

notes

1. **les sciences** : le savoir en général.
2. **maisons de joie** : lieux de prostitution.
3. **prélat** : évêque.
4. Harlay influa sur la révocation de l'édit de Nantes.
5. Bossuet (1627-1704), prédicateur célèbre, qui combattit les protestants puis le quiétisme

(cf. note 4, p. 104), et académicien dont les *Oraisons funèbres* sont passées à la postérité.
6. On attribuait au père de La Chaise, confesseur du roi, une liaison avec cette demoiselle, nièce du premier valet de chambre du roi.

prieurs. Il alla à la porte de l'archevêque : le prélat[1] était enfermé avec la belle Mme de Lesdiguières pour les affaires de l'Église. Il courut à la maison de campagne de l'évêque de Meaux : celui-ci examinait avec Mlle de Mauléon[2] l'amour mystique[3] de Mme Guyon[4]. Cependant il parvint à se faire entendre de ces deux prélats ; tous deux lui déclarèrent qu'ils ne pouvaient se mêler de son neveu, attendu qu'il n'était pas sous-diacre.

Enfin il vit le jésuite ; celui-ci le reçut à bras ouverts, lui protesta qu'il avait toujours eu pour lui une estime particulière, ne l'ayant jamais connu. Il jura que la Société[5] avait toujours été attachée aux Bas-Bretons. « Mais, dit-il, votre neveu n'aurait-il pas le malheur d'être huguenot ? – Non, assurément, mon Révérend Père. – Serait-il point janséniste ? – Je puis assurer à Votre Révérence qu'à peine est-il chrétien. Il y a environ onze mois que nous l'avons baptisé. – Voilà qui est bien, voilà qui est bien, nous aurons soin de lui. Votre bénéfice est-il considérable ? – Oh ! fort peu de chose, et mon neveu nous coûte beaucoup. – Y a-t-il quelques jansénistes dans le voisinage ? Prenez bien garde, mon cher monsieur le prieur, ils sont plus dangereux que les huguenots et les athées. – Mon Révérend Père, nous n'en avons point ; on ne sait ce que c'est que le jansénisme à Notre-Dame de la Montagne. – Tant mieux ; allez, il n'y a rien que je ne fasse pour vous. » Il congédia affectueusement le prieur, et n'y pensa plus.

Le temps s'écoulait, le prieur et la bonne sœur se désespéraient.

Cependant le maudit bailli pressait le mariage de son grand benêt de fils avec la belle Saint-Yves, qu'on avait fait sortir exprès[6] du couvent. Elle aimait toujours son cher filleul autant

notes

1. François de Harlay de Chanvalon, qui refusa la sépulture à Molière, fit enfermer Mme Guyon et donna la bénédiction nuptiale à Louis XIV et Mme de Maintenon, était connu pour ses aventures galantes.
2. Là encore l'opinion malveillante attribuait à Bossuet une liaison avec cette femme.

3. **mystique** : sacré, spirituel.
4. **Mme Guyon** (1648-1717) fut la propagatrice d'une doctrine religieuse qu'on appelle « le quiétisme ».
5. **la Société** : les jésuites.
6. **exprès** : à cette intention.

70 qu'elle détestait le mari qu'on lui présentait. L'affront[1] d'avoir été
mise dans un couvent augmentait sa passion. L'ordre d'épouser le
fils du bailli y mettait le comble. Les regrets, la tendresse et
l'horreur bouleversaient son âme. L'amour, comme on sait, est
bien plus ingénieux et plus hardi dans une jeune fille que l'amitié
75 ne l'est dans un vieux prieur et dans une tante de quarante-cinq
ans passés. De plus, elle s'était bien formée dans son couvent par
les romans qu'elle avait lus à la dérobée[2].

La belle Saint-Yves se souvenait de la lettre qu'un garde du
corps avait écrite en Basse-Bretagne, et dont on avait parlé dans
80 la province. Elle résolut d'aller elle-même prendre des informa-
tions à Versailles, de se jeter aux pieds des ministres si son mari[3]
était en prison, comme on le disait, et d'obtenir justice pour lui.
Je ne sais quoi l'avertissait secrètement qu'à la Cour on ne refuse
rien à une jolie fille. Mais elle ne savait pas ce qu'il en coûtait.

85 Sa résolution prise, elle est consolée, elle est tranquille, elle ne
rebute[4] plus son sot prétendu ; elle accueille le détestable beau-
père, caresse son frère, répand l'allégresse dans la maison ; puis, le
jour destiné à la cérémonie, elle part secrètement à quatre heures
du matin avec ses petits présents de noce, et tout ce qu'elle a pu
90 rassembler. Ses mesures étaient si bien prises qu'elle était déjà à
plus de dix lieues lorsqu'on entra dans sa chambre vers le midi. La
surprise et la consternation furent grandes. L'interrogant bailli fit
ce jour-là plus de questions qu'il n'en avait fait dans toute la
semaine ; le mari resta plus sot qu'il ne l'avait jamais été. L'abbé
95 de Saint-Yves en colère prit le parti de courir après sa sœur. Le
bailli et son fils voulurent l'accompagner. Ainsi la destinée
conduisait à Paris presque tout ce canton de la Basse-Bretagne.

La belle Saint-Yves se doutait bien qu'on la suivrait. Elle était
à cheval ; elle s'informait adroitement des courriers s'ils n'avaient
100 point rencontré un gros abbé, un énorme bailli et un jeune benêt,

---

notes

| 1. **affront :** offense, préjudice moral. | 3. Son futur mari. |
| 2. **à la dérobée :** en cachette. | 4. **rebute :** repousse. |

qui couraient sur le chemin de Paris. Ayant appris au troisième jour qu'ils n'étaient pas loin, elle prit une route différente, et eut assez d'habileté et de bonheur pour arriver à Versailles tandis qu'on la cherchait inutilement dans Paris.

105 Mais comment se conduire à Versailles ? Jeune, belle, sans conseil[1], sans appui, inconnue, exposée à tout, comment oser chercher un garde du roi ? Elle imagina de s'adresser à un jésuite du bas étage[2] ; il y en avait pour toutes les conditions de la vie, comme Dieu, disaient-ils, a donné différentes nourritures aux
110 diverses espèces d'animaux. Il avait donné au roi son confesseur, que tous les solliciteurs de bénéfices appelaient *le chef de l'Église gallicane*[3] ; ensuite venaient les confesseurs des princesses ; les ministres n'en avaient point : ils n'étaient pas si sots. Il y avait les jésuites du grand commun[4], et surtout les jésuites des femmes de
115 chambre, par lesquelles on savait les secrets des maîtresses, et ce n'était pas un petit emploi. La belle Saint-Yves s'adressa à un de ces derniers, qui s'appelait le père Tout-à-tous[5]. Elle se confessa à lui, lui exposa ses aventures, son état, son danger, et le conjura de la loger chez quelque bonne dévote qui la mît à l'abri des
120 tentations.

Le père Tout-à-tous l'introduisit chez la femme d'un officier du gobelet[6], l'une de ses plus affidées[7] pénitentes. Dès qu'elle y fut, elle s'empressa de gagner la confiance et l'amitié de cette femme ; elle s'informa du garde breton, et le fit prier de venir
125 chez elle. Ayant su de lui que son amant avait été enlevé après avoir parlé à un premier commis[8], elle court chez ce commis : la

notes

1. sans conseil : sans personne pour la conseiller.
2. jésuite du bas étage : jésuite confessant les gens de basse condition.
3. Périphrase pour désigner le roi de France.
4. Le « grand commun » désigne tous les domestiques de la cour de Versailles.
5. Tout-à-tous : nom faisant allusion à la devise des jésuites, inspirée par une parole de saint Paul : « Je me suis fait tout à tous, afin de les sauver tous » (*Épître aux Corinthiens*).

6. gobelet : lieu où l'on fournit le pain, le vin et le fruit pour le roi.
7. affidées : à qui l'on fait une entière confiance.
8. premier commis : fonctionnaire supérieur, mais Voltaire le rabaisse en le qualifiant de « plumitif ».

vue d'une belle femme l'adoucit, car il faut convenir que Dieu n'a créé les femmes que pour apprivoiser les hommes.

130 Le plumitif[1] attendri lui avoua tout : « Votre amant est à la Bastille depuis près d'un an, et sans vous il y serait peut-être toute sa vie. » La tendre Saint-Yves s'évanouit. Quand elle eut repris ses sens, le plumitif lui dit : « Je suis sans crédit[2] pour faire du bien ; tout mon pouvoir se borne à faire du mal quelquefois. Croyez-moi, allez chez monsieur de Saint-Pouange[3], qui fait le bien et le

135 mal, cousin et favori de monseigneur de Louvois[4]. Ce ministre a deux âmes[5] : M. de Saint-Pouange en est une ; Mme du Belloy[6], l'autre ; mais elle n'est pas à présent à Versailles ; il ne vous reste que de fléchir le protecteur que je vous indique. »

La belle Saint-Yves, partagée entre un peu de joie et d'extrêmes

140 douleurs, entre quelque espérance et de tristes craintes, pour-suivie par son frère, adorant son amant, essuyant ses larmes et en versant encore, tremblante, affaiblie, et reprenant courage, courut vite chez M. de Saint-Pouange.

notes

1. **plumitif** : petit employé aux écritures, qui tient une plume toute la journée.
2. **crédit** : influence.
3. Gilbert Colbert (1642-1702), marquis de Saint-Pouange, personnage important dans l'État et libertin notoire.
4. *cf.* note 6, p. 82.
5. **âmes** : personnes de confiance.
6. Il s'agit en réalité de Mme Dufresnoy (correction apportée dans les éditions de Kehl).

La Bastille, prison d'État aux XVIIe et XVIIIe siècles, assiégée et rasée par le peuple le 14 juillet 1789.

Progrès de l'esprit de l'Ingénu

L'Ingénu faisait des progrès rapides dans les sciences, et surtout dans la science de l'homme. La cause du développement rapide de son esprit était due à son éducation sauvage presque autant qu'à la trempe[1] de son âme : car, n'ayant rien appris dans son
5 enfance, il n'avait point appris de préjugés. Son entendement[2], n'ayant point été courbé par l'erreur, était demeuré dans toute sa rectitude. Il voyait les choses comme elles sont, au lieu que les idées qu'on nous donne dans l'enfance nous les font voir toute notre vie comme elles ne sont point. « Vos persécuteurs sont
10 abominables, disait-il à son ami Gordon. Je vous plains d'être opprimé, mais je vous plains d'être janséniste. Toute secte[3] me paraît le ralliement de l'erreur. Dites-moi s'il y a des sectes en

passage analysé

notes

1. **trempe** : vigueur.
2. **entendement** : intelligence.

3. Pour l'Ingénu comme pour Voltaire, les jansénistes constituent une secte, c'est-à-dire un groupe d'individus solidement attachés à une doctrine ou à une croyance.

géométrie. – Non, mon cher enfant, lui dit en soupirant le bon Gordon ; tous les hommes sont d'accord sur la vérité quand elle
15 est démontrée, mais ils sont trop partagés sur les vérités obscures. – Dites sur les faussetés obscures. S'il y avait eu une seule vérité cachée dans vos amas d'arguments qu'on ressasse[1] depuis tant de siècles, on l'aurait découverte sans doute ; et l'univers aurait été d'accord au moins sur ce point-là. Si cette vérité était nécessaire
20 comme le soleil l'est à la terre, elle serait brillante comme lui. C'est une absurdité, c'est un outrage au genre humain, c'est un attentat contre l'Être infini et suprême de dire : "Il y a une vérité essentielle à l'homme, et Dieu l'a cachée." »

Tout ce que disait ce jeune ignorant instruit par la nature faisait
25 une impression profonde sur l'esprit du vieux savant infortuné. « Serait-il bien vrai, s'écria-t-il, que je me fusse rendu malheureux pour des chimères[2] ? Je suis bien plus sûr de mon malheur que de la grâce efficace[3]. J'ai consumé mes jours à raisonner sur la liberté de Dieu et du genre humain, mais j'ai perdu la mienne ; ni
30 saint Augustin[4] ni Prosper[5] ne me tireront de l'abîme où je suis. »

L'Ingénu, livré à son caractère[6], dit enfin : « Voulez-vous que je vous parle avec une confiance hardie ? Ceux qui se font persécuter pour ces vaines disputes[7] de l'école me semblent peu sages ; ceux qui persécutent me paraissent des monstres. »
35 Les deux captifs étaient fort d'accord sur l'injustice de leur captivité. « Je suis cent fois plus à plaindre que vous, disait l'Ingénu ; je suis né libre comme l'air ; j'avais deux vies[8], la liberté

notes

1. ressasse : répète inlassablement.
2. chimères : rêves, choses invraisemblables.
3. *cf.* note 1, p. 91.
4. Saint Augustin (354-430), évêque africain, docteur et Père de l'Église. Fils d'un païen et d'une chrétienne, il se convertit au christianisme en 386. Sa pensée a influencé celles des protestants Luther et Calvin, de Jansénius et des philosophes Descartes et Malebranche.

5. Saint Prosper (né en 403), disciple de saint Augustin.
6. son caractère : sa naïveté naturelle et sa franchise.
7. disputes : exercices rhétoriques pratiqués à l'école (collège et Université) au Moyen Âge, confrontant des thèses contradictoires.
8. vies : passions.

et l'objet de mon amour : on me les ôte. Nous voici tous deux dans les fers, sans en savoir la raison, et sans pouvoir la demander[1].
40 J'ai vécu Huron vingt ans ; on dit que ce sont des barbares, parce qu'ils se vengent de leurs ennemis ; mais ils n'ont jamais opprimé leurs amis. À peine ai-je mis le pied en France que j'ai versé mon sang pour elle ; j'ai peut-être sauvé une province, et pour récompense je suis englouti dans ce tombeau des vivants, où je
45 serais mort de rage sans vous. Il n'y a donc point de lois dans ce pays ? On condamne les hommes sans les entendre ! Il n'en est pas ainsi en Angleterre[2]. Ah ! ce n'était pas contre les Anglais que je devais me battre. » Ainsi sa philosophie[3] naissante ne pouvait dompter la nature outragée dans le premier de ses droits, et laissait
50 un libre cours à sa juste colère.

Son compagnon ne le contredit point. L'absence augmente toujours l'amour qui n'est pas satisfait, et la philosophie ne le diminue pas. Il parlait aussi souvent de sa chère Saint-Yves que de morale et de métaphysique. Plus ses sentiments s'épuraient, et
55 plus il aimait. Il lut quelques romans nouveaux ; il en trouva peu qui lui peignissent la situation de son âme. Il sentait que son cœur allait toujours au-delà de ce qu'il lisait. « Ah ! disait-il, presque tous ces auteurs-là n'ont que de l'esprit et de l'art. » Enfin le bon prêtre janséniste devenait insensiblement le confident de sa
60 tendresse. Il ne connaissait l'amour auparavant que comme un péché dont on s'accuse en confession. Il apprit à le connaître comme un sentiment aussi noble que tendre, qui peut élever l'âme autant que l'amollir, et produire même quelquefois des vertus. Enfin, pour dernier prodige[4], un Huron convertissait un
65 janséniste.

notes

1. **sans [...] demander** : dans l'édition originale, le texte était « sans savoir qui nous y a mis, sans pouvoir même le demander ».
2. Remarque élogieuse sur l'Angleterre, pays qui respecte les libertés. L'*habeas corpus*, qui protège contre les arrestations arbitraires, y avait été promulgué en 1679.
3. **philosophie** : sagesse.
4. **prodige** : action extraordinaire.

111

chapitre quinzième

La belle Saint-Yves résiste
à des propositions délicates

La belle Saint-Yves, plus tendre encore que son amant, alla donc
chez M. de Saint-Pouange, accompagnée de l'amie chez qui elle
logeait, toutes deux cachées dans leurs coiffes[1]. La première chose
qu'elle vit à la porte ce fut l'abbé de Saint-Yves, son frère, qui en
5   sortait. Elle fut intimidée ; mais la dévote amie la rassura. « C'est
précisément parce qu'on a parlé contre vous qu'il faut que vous
parliez. Soyez sûre que dans ce pays les accusateurs ont toujours
raison si on ne se hâte de les confondre. Votre présence d'ailleurs,
ou je me trompe fort, fera plus d'effet que les paroles de votre
10 frère. »

note
_____

1. **coiffes** : sortes de voiles qu'on met sur la
tête.

Pour peu qu'on encourage une amante passionnée, elle est intrépide[1] : la Saint-Yves se présente à l'audience[2]. Sa jeunesse, ses charmes, ses yeux tendres, mouillés de quelques pleurs, attirèrent tous les regards. Chaque courtisan du sous-ministre

15 oublia un moment l'idole du pouvoir[3] pour contempler celle de la beauté. Le Saint-Pouange la fit entrer dans un cabinet ; elle parla avec attendrissement et avec grâce. Saint-Pouange se sentit touché. Elle tremblait, il la rassura. « Revenez ce soir, lui dit-il ; vos affaires méritent qu'on y pense et qu'on en parle à loisir. Il y

20 a ici trop de monde. On expédie les audiences trop rapidement. Il faut que je vous entretienne à fond de tout ce qui vous regarde. » Ensuite, ayant fait l'éloge de sa beauté et de ses sentiments, il lui recommanda de venir à sept heures du soir.

Elle n'y manqua pas ; la dévote amie l'accompagna encore,

25 mais elle se tint dans le salon, et lut le *Pédagogue chrétien*[4], pendant que le Saint-Pouange et la belle Saint-Yves étaient dans l'arrière-cabinet. « Croiriez-vous bien, mademoiselle, lui dit-il d'abord, que votre frère est venu me demander une lettre de cachet contre vous ? En vérité j'en expédierais plutôt une pour le renvoyer en

30 Basse-Bretagne. – Hélas ! monsieur, on est donc bien libéral[5] de lettres de cachet dans vos bureaux, puisqu'on en vient solliciter du fond du royaume, comme des pensions. Je suis bien loin d'en demander une contre mon frère. J'ai beaucoup à me plaindre de lui, mais je respecte la liberté des hommes ; je demande celle d'un

35 homme que je veux épouser, d'un homme à qui le roi doit la conservation d'une province, qui peut le servir utilement, et qui est fils d'un officier tué à son service. De quoi est-il accusé ? Comment a-t-on pu le traiter si cruellement sans l'entendre ? »

Alors le sous-ministre lui montra la lettre du jésuite espion et

40 celle du perfide bailli. « Quoi ! il y a de pareils monstres sur la

---

notes

1. **intrépide** : courageuse, hardie.
2. **audience** : moment réservé à la réception du public et à l'écoute des requêtes.
3. **l'idole du pouvoir** : Saint-Pouange que l'on idolâtre en raison du pouvoir qu'on lui prête.

4. Ouvrage de dévotion populaire, écrit par un jésuite et considéré par Voltaire comme un « excellent livre pour les sots ».
5. **on est donc bien libéral** : on distribue donc avec largesse.

terre ! et on veut me forcer ainsi à épouser le fils ridicule d'un
homme ridicule et méchant ! et c'est sur de pareils avis qu'on
décide ici de la destinée des citoyens ! » Elle se jeta à genoux, elle
demanda avec des sanglots la liberté du brave homme qui
45 l'adorait. Ses charmes dans cet état parurent dans leur plus grand
avantage. Elle était si belle que le Saint-Pouange, perdant toute
honte, lui insinua qu'elle réussirait si elle commençait par lui
donner les prémices[1] de ce qu'elle réservait à son amant. La
Saint-Yves, épouvantée et confuse, feignit longtemps de ne le pas
50 entendre[2] ; il fallut s'expliquer plus clairement. Un mot lâché
d'abord avec retenue en produisait un plus fort, suivi d'un autre
plus expressif. On offrit non seulement la révocation de la lettre
de cachet, mais des récompenses, de l'argent, des honneurs, des
établissements[3] ; et plus on promettait, plus le désir de n'être pas
55 refusé augmentait.

La Saint-Yves pleurait, elle était suffoquée[4], à demi renversée
sur un sofa, croyant à peine ce qu'elle voyait, ce qu'elle entendait.
Le Saint-Pouange, à son tour, se jeta à ses genoux. Il n'était pas
sans agréments, et aurait pu ne pas effaroucher un cœur moins
60 prévenu ; mais Saint-Yves adorait son amant et croyait que c'était
un crime horrible de le trahir pour le servir. Saint-Pouange
redoublait les prières et les promesses. Enfin, la tête lui tourna au
point qu'il lui déclara que c'était le seul moyen de tirer de sa
prison l'homme auquel elle prenait un intérêt si violent et si
65 tendre. Cet étrange entretien se prolongeait. La dévote de
l'antichambre, en lisant son *Pédagogue chrétien*, disait : « Mon
Dieu ! que peuvent-ils faire là depuis deux heures ? Jamais
monseigneur de Saint-Pouange n'a donné une si longue
audience ; peut-être qu'il a tout refusé à cette pauvre fille,
70 puisqu'elle le prie encore. »

notes
1. **prémices** : premiers fruits.
2. **entendre** : comprendre.
3. **établissements** : postes enviables.
4. **suffoquée** : troublée au point de respirer difficilement.

Enfin sa compagne sortit de l'arrière-cabinet tout éperdue, sans pouvoir parler, réfléchissant profondément sur le caractère des grands et des demi-grands qui sacrifient si légèrement la liberté des hommes et l'honneur des femmes.

75 Elle ne dit pas un mot pendant tout le chemin. Arrivée chez l'amie, elle éclata, elle lui conta tout. La dévote fit de grands signes de croix. « Ma chère amie, il faut consulter dès demain le père Tout-à-tous, notre directeur[1] ; il a beaucoup de crédit auprès de M. de Saint-Pouange ; il confesse plusieurs servantes 80 de sa maison ; c'est un homme pieux et accommodant[2], qui dirige aussi des femmes de qualité. Abandonnez-vous à lui, c'est ainsi que j'en use ; je m'en suis toujours bien trouvée. Nous autres, pauvres femmes, nous avons besoin d'être conduites par un homme. – Eh bien donc ! ma chère amie, j'irai trouver 85 demain le père Tout-à-tous. »

notes

1. directeur : directeur de conscience ; le confesseur est celui qui dirige la conduite du croyant.

2. accommodant : arrangeant.

Chapitre seizième

Elle consulte un jésuite

Dès que la belle et désolée Saint-Yves fut avec son bon confesseur, elle lui confia qu'un homme puissant et voluptueux[1] lui proposait de faire sortir de prison celui qu'elle devait épouser légitimement, et qu'il demandait un grand prix de son service ;

5 qu'elle avait une répugnance[2] horrible pour une telle infidélité, et que, s'il ne s'agissait que de sa propre vie, elle la sacrifierait plutôt que de succomber[3].

« Voilà un abominable pécheur ! lui dit le père Tout-à-tous. Vous devriez bien me dire le nom de ce vilain homme : c'est à

10 coup sûr quelque janséniste ; je le dénoncerai à sa Révérence le père de La Chaise, qui le fera mettre dans le gîte où est à présent la chère personne que vous devez épouser. »

---

notes

| **1. voluptueux** : aimant les plaisirs, libertin. | **3.** Succomber à la faute, celle d'être infidèle à |
| **2. répugnance** : dégoût. | l'Ingénu. |

La pauvre fille, après un long embarras et de grandes irrésolutions[1], lui nomma enfin Saint-Pouange.

15 « Monseigneur de Saint-Pouange ! s'écria le jésuite ; ah ! ma fille, c'est tout autre chose ; il est cousin du plus grand ministre que nous ayons jamais eu, homme de bien, protecteur de la bonne cause, bon chrétien ; il ne peut avoir eu une telle pensée ; il faut que vous ayez mal entendu. – Ah ! mon père, je n'ai 20 entendu que trop bien ; je suis perdue quoi que je fasse ; je n'ai que le choix du malheur et de la honte : il faut que mon amant reste enseveli tout vivant, ou que je me rende indigne de vivre. Je ne puis le laisser périr, et je ne puis le sauver. »

Le père Tout-à-tous tâcha de la calmer par ces douces paroles :

25 « Premièrement, ma fille, ne dites jamais ce mot *mon amant* ; il a quelque chose de mondain[2] qui pourrait offenser Dieu. Dites : *mon mari* ; car, bien qu'il ne le soit pas encore, vous le regardez comme tel, et rien n'est plus honnête.

« Secondement, bien qu'il soit votre époux en idée, en espé-30 rance, il ne l'est pas en effet[3] : ainsi vous ne commettriez pas un adultère, péché énorme qu'il faut toujours éviter autant qu'il est possible.

« Troisièmement, les actions ne sont pas d'une malice de coulpe[4] quand l'intention est pure, et rien n'est plus pur que de 35 délivrer votre mari.

« Quatrièmement, vous avez des exemples dans la sainte Antiquité, qui peuvent merveilleusement servir à votre conduite. Saint Augustin[5] rapporte que, sous le proconsulat de Septimius Acyndinus, en l'an 340 de notre salut, un pauvre homme, ne 40 pouvant payer à César ce qui appartenait à César[6], fut condamné

notes

1. **irrésolutions** : hésitations.
2. **mondain** : conforme à la vie en société, à ses convenances, et donc opposé à la morale inspirée par l'Église.
3. **en effet** : réellement.
4. **malice de coulpe** : vocabulaire religieux et s'appliquant à la dévotion. Pour les casuistes*, il s'agit d'une faute grave.

5. Anecdote qui a inspiré à Voltaire le conte *Cosi-Sancta*. La source du conte n'est pas saint Augustin, mais l'article « Acyndanus » du *Dictionnaire historique et critique* de Bayle.
6. Référence à cette parole du Christ aux Pharisiens : « Rendez à César ce qui est à César, et à Dieu ce qui est à Dieu. »

Destruction des jésuites de France
par les arrêts des parlements en 1762.

à la mort, comme il est juste, malgré la maxime : *Où il n'y a rien le roi perd ses droits*[1]. Il s'agissait d'une livre d'or ; le condamné avait une femme en qui Dieu avait mis la beauté et la prudence. Un vieux richard[2] promit de donner une livre d'or, et même plus, à la dame, à condition qu'il commettrait avec elle le péché immonde. La dame ne crut point mal faire en sauvant la vie à son mari. Saint Augustin approuve fort sa généreuse résignation. Il est vrai que le vieux richard la trompa, et peut-être même son mari n'en fut pas moins pendu ; mais elle avait fait tout ce qui était en elle pour sauver sa vie.

« Soyez sûre, ma fille, que, quand un jésuite vous cite saint Augustin, il faut bien que ce saint ait pleinement raison[3]. Je ne vous conseille rien, vous êtes sage ; il est à présumer que vous serez utile à votre mari. Monseigneur de Saint-Pouange est un honnête homme, il ne vous trompera pas : c'est tout ce que je puis vous dire ; je prierai Dieu pour vous, et j'espère que tout se passera à sa plus grande gloire. »

La belle Saint-Yves, non moins effrayée des discours du jésuite que des propositions du sous-ministre, s'en retourna éperdue chez son amie. Elle était tentée de se délivrer par la mort de l'horreur de laisser dans une captivité affreuse l'amant qu'elle adorait, et de la honte de le délivrer au prix de ce qu'elle avait de plus cher, et qui ne devait appartenir qu'à cet amant infortuné.

1. Proverbe signifiant que la justice ne peut rien demander à des gens qui n'ont rien.
2. **richard** : homme riche (terme familier et péjoratif datant de 1466).
3. Rappelons que saint Augustin est la référence de tous les jansénistes, ennemis des jésuites.

119

chapitre dix-septième

Elle succombe par vertu

Elle priait son amie de la tuer ; mais cette femme, non moins indulgente que le jésuite, lui parla plus clairement encore. « Hélas ! dit-elle, les affaires ne se font guère autrement dans cette Cour si aimable, si galante et si renommée. Les places les plus

5 médiocres et les plus considérables n'ont souvent été données qu'au prix qu'on exige de vous. Écoutez, vous m'avez inspiré de l'amitié et de la confiance ; je vous avouerai que, si j'avais été aussi difficile que vous l'êtes, mon mari ne jouirait pas du petit poste qui le fait vivre ; il le sait, et loin d'en être fâché, il voit en

10 moi sa bienfaitrice, et il se regarde comme ma créature[1]. Pensez-vous que tous ceux qui ont été à la tête des provinces, ou même des armées, aient dû leurs honneurs et leur fortune à leurs seuls services ? Il en est qui en sont redevables à mesdames leurs

note

1. créature : personne attachée à celui à qui elle doit sa réussite.

120

15 femmes. Les dignités de la guerre ont été sollicitées par l'amour, et la place a été donnée au mari de la plus belle.

« Vous êtes dans une situation bien plus intéressante[1] : il s'agit de rendre votre amant au jour et de l'épouser ; c'est un devoir sacré qu'il vous faut remplir. On n'a point blâmé les belles et grandes dames dont je vous parle ; on vous applaudira, on dira
20 que vous ne vous êtes permis une faiblesse que par un excès de vertu.

– Ah ! quelle vertu ! s'écria la belle Saint-Yves ; quel labyrinthe d'iniquités[2] ! quel pays ! et que j'apprends à connaître les hommes ! Un père de La Chaise et un bailli ridicule font mettre
25 mon amant en prison, ma famille me persécute, on ne me tend la main dans mon désastre que pour me déshonorer. Un jésuite a perdu un brave[3] homme, un autre jésuite veut me perdre ; je ne suis entourée que de pièges, et je touche au moment de tomber dans la misère. Il faut que je me tue, ou que je parle au roi ; je me
30 jetterai à ses pieds sur son passage, quand il ira à la messe ou à la comédie.

– On ne vous laissera pas approcher, lui dit sa bonne amie ; et si vous aviez le malheur de parler, mons de Louvois et le révérend père de La Chaise pourraient vous enterrer dans le fond d'un
35 couvent pour le reste de vos jours. »

Tandis que cette brave personne augmentait ainsi les perplexités[4] de cette âme désespérée, et enfonçait le poignard dans son cœur, arrive un exprès[5] de M. de Saint-Pouange avec une lettre et deux beaux pendants d'oreilles. Saint-Yves rejeta le tout en
40 pleurant, mais l'amie s'en chargea.

Dès que le messager fut parti, notre confidente lit la lettre dans laquelle on propose un petit souper aux deux amies pour le soir. Saint-Yves jure qu'elle n'ira point. La dévote veut lui essayer les deux boucles de diamants. Saint-Yves ne le put souffrir. Elle

notes

1. **intéressante** : propre à émouvoir les passions.
2. **iniquités** : injustices.
3. **brave** : honnête.
4. **perplexités** : préoccupations, déchirements.
5. **exprès** : messager.

45 combattit la journée entière. Enfin, n'ayant en vue que son amant, vaincue, entraînée, ne sachant où on la mène, elle se laisse conduire au souper fatal. Rien n'avait pu la déterminer à se parer de ses pendants d'oreilles ; la confidente les apporta, elle les lui ajusta malgré elle avant qu'on se mît à table. Saint-Yves était si

50 confuse, si troublée, qu'elle se laissait tourmenter ; et le patron[1] en tirait un augure[2] très favorable. Vers la fin du repas, la confidente se retira discrètement. Le patron montra alors la révocation[3] de la lettre de cachet, le brevet[4] d'une gratification[5] considérable, celui d'une compagnie[6], et n'épargna pas les

55 promesses. « Ah ! lui dit Saint-Yves, que je vous aimerais si vous ne vouliez pas être tant aimé ! »

Enfin, après une longue résistance, après des sanglots, des cris, des larmes, affaiblie du combat, éperdue, languissante, il fallut se rendre. Elle n'eut d'autre ressource que de se promettre de ne

60 penser qu'à l'Ingénu, tandis que le cruel jouirait impitoyablement de la nécessité où elle était réduite.

---

notes

1. **patron** : protecteur.
2. **augure** : présage.
3. **révocation** : annulation.
4. **brevet** : acte officiel qui atteste d'un don fait par le roi.

5. **gratification** : récompense.
6. **compagnie** : régiment (ce que souhaitait l'Ingénu).

chapitre dix-huitième

Elle délivre son amant
et un janséniste

Au point du jour, elle vole à Paris, munie de l'ordre du ministre. Il est difficile de peindre ce qui se passait dans son cœur pendant ce voyage. Qu'on imagine une âme vertueuse et noble, humiliée de son opprobre[1], enivrée de tendresse, déchirée des remords d'avoir trahi son amant, pénétrée du plaisir de délivrer ce qu'elle adore. Ses amertumes, ses combats, son succès partageaient toutes ses réflexions. Ce n'était plus cette fille simple dont une éducation provinciale avait rétréci les idées. L'amour et le malheur l'avaient formée. Le sentiment avait fait autant de progrès en elle que la raison en avait fait dans l'esprit de son amant infortuné. Les filles apprennent à sentir plus aisément que les hommes

note

I **1. opprobre :** action déshonorante.

n'apprennent à penser. Son aventure était plus instructive que quatre ans de couvent.

Son habit était d'une simplicité extrême. Elle voyait avec horreur les ajustements[1] sous lesquels elle avait paru devant son funeste[2] bienfaiteur ; elle avait laissé ses boucles de diamants à sa compagne sans même les regarder. Confuse et charmée, idolâtre de l'Ingénu[3], et se haïssant elle-même, elle arrive enfin à la porte

De cet affreux château, palais de la vengeance,
Qui renferma souvent le crime et l'innocence[4].

Quand il fallut descendre du carrosse, les forces lui manquèrent ; on l'aida ; elle entra, le cœur palpitant, les yeux humides, le front consterné[5]. On la présente au gouverneur ; elle veut lui parler, sa voix expire ; elle montre son ordre en articulant à peine quelques paroles. Le gouverneur aimait son prisonnier ; il fut très aise[6] de sa délivrance. Son cœur n'était pas endurci comme celui de quelques honorables geôliers ses confrères, qui, ne pensant qu'à la rétribution attachée à la garde de leurs captifs, fondant leurs revenus sur leurs victimes, et vivant du malheur d'autrui, se faisaient en secret une joie affreuse des larmes des infortunés.

Il fait venir le prisonnier dans son appartement. Les deux amants se voient, et tous deux s'évanouissent. La belle Saint-Yves resta longtemps sans mouvement et sans vie : l'autre rappela bientôt son courage. « C'est apparemment là madame votre femme, lui dit le gouverneur ; vous ne m'aviez point dit que vous fussiez marié. On me mande[7] que c'est à ses soins généreux que vous devez votre délivrance. — Ah ! je ne suis pas digne d'être sa

notes

1. ajustements : ornements qui ont séduit Saint-Pouange.
2. funeste : fatal, mortel.
3. idolâtre de l'Ingénu : adorant l'Ingénu.

4. Voltaire cite les vers 456-457 du chant IV de sa *Henriade* (1723), légèrement modifiés (passé simple au lieu du présent) et qui constituent une périphrase pour désigner la Bastille.
5. consterné : abattu, désolé.
6. aise : satisfait.
7. me mande : m'informe.

femme », dit la belle Saint-Yves d'une voix tremblante ; et elle retomba encore en faiblesse.

40 Quand elle eut repris ses sens, elle présenta, toujours tremblante, le brevet de la gratification et la promesse par écrit d'une compagnie. L'Ingénu, aussi étonné qu'attendri, s'éveillait d'un songe pour retomber dans un autre. « Pourquoi ai-je été enfermé ici ? comment avez-vous pu m'en tirer ? où sont les monstres qui

45 m'y ont plongé ? Vous êtes une divinité qui descendez du ciel à mon secours. »

La belle Saint-Yves baissait la vue, regardait son amant, rougissait et détournait, le moment d'après, ses yeux mouillés de pleurs. Elle lui apprit enfin tout ce qu'elle savait, et tout ce qu'elle avait

50 éprouvé, excepté ce qu'elle aurait voulu se cacher pour jamais, et ce qu'un autre que l'Ingénu, plus accoutumé au monde et plus instruit des usages de la Cour, aurait deviné facilement.

« Est-il possible qu'un misérable comme ce bailli ait eu le pouvoir de me ravir ma liberté ? Ah ! je vois bien qu'il en est des

55 hommes comme des plus vils animaux ; tous peuvent nuire. Mais est-il possible qu'un moine, un jésuite confesseur du roi, ait contribué à mon infortune autant que ce bailli, sans que je puisse imaginer sous quel prétexte ce détestable fripon m'a persécuté ? M'a-t-il fait passer pour un janséniste ? Enfin, comment vous

60 êtes-vous souvenue de moi ? Je ne le méritais pas, je n'étais alors qu'un sauvage. Quoi ? vous avez pu, sans conseil, sans secours, entreprendre le voyage de Versailles ! Vous y avez paru, et on a brisé mes fers ! Il est donc dans la beauté et dans la vertu[1] un charme invincible qui fait tomber les portes de fer et qui amollit

65 les cœurs de bronze ! »

À ce mot de *vertu*, des sanglots échappèrent à la belle Saint-Yves. Elle ne savait pas combien elle était vertueuse dans le crime qu'elle se reprochait.

note

1. La vertu qu'on attend des femmes, c'est-à-dire la pudeur, la chasteté, l'austérité des mœurs, à distinguer du premier sens de « courage », d'« endurance », propre aux hommes.

Son amant continua ainsi : « Ange qui avez rompu mes liens, si
vous avez eu (ce que je ne comprends pas encore) assez de crédit
pour me faire rendre justice, faites-la donc rendre aussi à un
vieillard qui m'a le premier appris à penser, comme vous m'avez
appris à aimer. La calamité nous a unis ; je l'aime comme un père,
je ne peux vivre ni sans vous ni sans lui.

– Moi ! que je sollicite[1] le même homme qui... – Oui, je veux
tout vous devoir, et je ne veux devoir jamais rien qu'à vous :
écrivez à cet homme puissant, comblez-moi de vos bienfaits,
achevez ce que vous avez commencé, achevez vos prodiges. » Elle
sentait qu'elle devait faire tout ce que son amant exigeait. Elle
voulut écrire, sa main ne pouvait obéir. Elle recommença trois fois
sa lettre, la déchira trois fois ; elle écrivit enfin, et les deux amants
sortirent après avoir embrassé le vieux martyr de la grâce efficace[2].

L'heureuse et désolée Saint-Yves savait dans quelle maison
logeait son frère ; elle y alla ; son amant prit un appartement dans
la même maison.

À peine y furent-ils arrivés que son protecteur lui envoya l'ordre
de l'élargissement[3] du bonhomme Gordon, et lui demanda un
rendez-vous pour le lendemain. Ainsi, à chaque action honnête et
généreuse qu'elle faisait, son déshonneur en était le prix. Elle
regardait avec exécration[4] cet usage de vendre le malheur et le
bonheur des hommes. Elle donna l'ordre de l'élargissement à son
amant, et refusa le rendez-vous d'un bienfaiteur qu'elle ne pouvait
plus voir sans expirer de douleur et de honte. L'Ingénu ne pouvait
se séparer d'elle que pour aller délivrer un ami. Il y vola. Il remplit
ce devoir en réfléchissant sur les étranges événements de ce
monde, et en admirant la vertu courageuse d'une jeune fille à qui
deux infortunés devaient plus que la vie.

notes

1. **sollicite** : fasse une demande.
2. *cf.* note 1, p. 91.
3. **élargissement** : libération d'un prisonnier.
4. **exécration** : horreur, dégoût.

Chapitre dix-neuvième

L'Ingénu, la belle Saint-Yves et leurs parents sont rassemblés

La généreuse et respectable infidèle était avec son frère l'abbé de Saint-Yves, le bon prieur de la Montagne, et la dame de Kerkabon. Tous étaient également étonnés, mais leurs situations et leurs sentiments étaient bien différents. L'abbé de Saint–Yves
5 pleurait ses torts aux pieds de sa sœur, qui lui pardonnait. Le prieur et sa tendre sœur pleuraient aussi, mais de joie. Le vilain bailli et son insupportable fils ne troublaient point cette scène touchante : ils étaient partis au premier bruit de l'élargissement de leur ennemi ; ils couraient ensevelir dans leur province leur
10 sottise et leur crainte.

Les quatre personnages, agités de cent mouvements divers, attendaient que le jeune homme revînt avec l'ami qu'il devait délivrer. L'abbé de Saint-Yves n'osait lever les yeux devant sa sœur ; la bonne Kerkabon disait : « Je reverrai donc mon cher
15 neveu ! – Vous le reverrez, dit la charmante Saint-Yves, mais ce n'est plus le même homme ; son maintien, son ton, ses idées, son

esprit, tout est changé ; il est devenu aussi respectable qu'il était naïf et étranger à tout. Il sera l'honneur et la consolation de votre famille : que ne puis-je être aussi l'honneur de la mienne ! – Vous
20 n'êtes point non plus la même, dit le prieur ; que vous est-il donc arrivé qui ait fait en vous un si grand changement ? »

Au milieu de cette conversation l'Ingénu arrive, tenant par la main son janséniste. La scène alors devint plus neuve et plus intéressante. Elle commença par les tendres embrassements de
25 l'oncle et de la tante. L'abbé de Saint-Yves se mettait presque aux genoux de l'Ingénu, qui n'était plus l'*ingénu*. Les deux amants se parlaient par des regards qui exprimaient tous les sentiments dont ils étaient pénétrés. On voyait éclater la satisfaction, la reconnais-sance, sur le front de l'un ; l'embarras était peint dans les yeux
30 tendres et un peu égarés de l'autre. On était étonné qu'elle mêlât de la douleur à tant de joie.

Le vieux Gordon devint en peu de moments cher à toute la famille. Il avait été malheureux avec le jeune prisonnier, et c'était un grand titre. Il devait sa délivrance aux deux amants, cela seul
35 le réconciliait avec l'amour ; l'âpreté[1] de ses anciennes opinions sortait de son cœur ; il était changé en homme, ainsi que le Huron. Chacun raconta ses aventures avant le souper. Les deux abbés, la tante écoutaient comme des enfants qui entendent des histoires de revenants, et comme des hommes qui s'intéressaient
40 tous à tant de désastres. « Hélas ! dit Gordon, il y a peut-être plus de cinq cents personnes vertueuses qui sont à présent dans les mêmes fers que Mlle de Saint-Yves a brisés : leurs malheurs sont inconnus. On trouve assez de mains qui frappent sur la foule des malheureux, et rarement une secourable. » Cette réflexion si
45 vraie augmentait sa sensibilité et sa reconnaissance : tout redou-blait le triomphe de la belle Saint-Yves ; on admirait la grandeur et la fermeté de son âme. L'admiration était mêlée de ce respect qu'on sent malgré soi pour une personne qu'on croit avoir du

note
────────────────────────────────

| **1. âpreté** : sévérité, dureté.

128

crédit à la Cour. Mais l'abbé de Saint-Yves disait quelquefois :
50 « Comment ma sœur a-t-elle pu faire pour obtenir sitôt ce crédit ? »

On allait se mettre à table de très bonne heure. Voilà que la bonne amie de Versailles arrive sans rien savoir de tout ce qui s'était passé ; elle était en carrosse à six chevaux, et on voit bien
55 à qui appartenait l'équipage. Elle entre avec l'air imposant d'une personne de Cour qui a de grandes affaires, salue très légèrement la compagnie, et tirant la belle Saint-Yves à l'écart : « Pourquoi vous faire tant attendre ? Suivez-moi ; voilà vos diamants que vous aviez oubliés. » Elle ne put dire ces paroles si bas que
60 l'Ingénu ne les entendît ; il vit les diamants ; le frère fut interdit[1] ; l'oncle et la tante n'éprouvèrent qu'une surprise de bonnes gens qui n'avaient jamais vu une telle magnificence. Le jeune homme, qui s'était formé par un an de réflexions, en fit malgré lui, et parut troublé un moment. Son amante s'en aperçut ; une pâleur
65 mortelle se répandit sur son beau visage, un frisson la saisit, elle se soutenait à peine. « Ah ! madame, dit-elle à la fatale amie, vous m'avez perdue ! vous me donnez la mort ! » Ces paroles percèrent le cœur de l'Ingénu ; mais il avait déjà appris à se posséder[2] ; il ne les releva point, de peur d'inquiéter sa maîtresse
70 devant son frère ; mais il pâlit comme elle.

Saint-Yves, éperdue de l'altération[3] qu'elle apercevait sur le visage de son amant, entraîne cette femme hors de la chambre dans un petit passage, jette les diamants à terre devant elle. « Ah ! ce ne sont pas eux qui m'ont séduite, vous le savez ; mais celui qui
75 les a donnés ne me reverra jamais. » L'amie les ramassait, et Saint-Yves ajoutait : « Qu'il les reprenne ou qu'il vous les donne ; allez, ne me rendez plus honteuse de moi-même. » L'ambassadrice enfin s'en retourna, ne pouvant comprendre les remords dont elle était témoin.

notes

| 1. **interdit** : stupéfait. | 3. **altération** : changement. |
| 2. **se posséder** : se contenir. | |

80 La belle Saint-Yves, oppressée, éprouvant dans son corps une révolution[1] qui la suffoquait, fut obligée de se mettre au lit ; mais pour n'alarmer personne elle ne parla point de ce qu'elle souffrait, et, ne prétextant que sa lassitude, elle demanda la permission de prendre du repos ; mais ce fut après avoir rassuré la compagnie

85 par des paroles consolantes et flatteuses[2], et jeté sur son amant des regards qui portaient le feu dans son âme.

Le souper, qu'elle n'animait pas, fut triste dans le commencement, mais de cette tristesse intéressante qui fournit des conversations attachantes et utiles, si supérieures à la frivole joie qu'on

90 recherche, et qui n'est d'ordinaire qu'un bruit importun.

Gordon fit en peu de mots l'histoire du jansénisme et du molinisme[3], des persécutions dont un parti accablait l'autre, et de l'opiniâtreté[4] de tous les deux. L'Ingénu en fit la critique, et plaignit les hommes qui, non contents de tant de discorde que

95 leurs intérêts allument, se font de nouveaux maux pour des intérêts chimériques[5], et pour des absurdités inintelligibles[6]. Gordon racontait, l'autre jugeait ; les convives écoutaient avec émotion, et s'éclairaient d'une lumière nouvelle. On parla de la longueur de nos infortunes et de la brièveté de la vie[7]. On

100 remarqua que chaque profession a un vice et un danger qui lui sont attachés, et que, depuis le prince jusqu'au dernier des mendiants, tout semble accuser la nature. Comment se trouve-t-il tant d'hommes qui, pour si peu d'argent, se font les persécuteurs, les satellites[8], les bourreaux des autres hommes ? Avec

105 quelle indifférence inhumaine un homme en place signe la destruction d'une famille, et avec quelle joie plus barbare des mercenaires l'exécutent !

notes
_____

1. révolution : trouble passager et violent (vocabulaire médical ici).
2. flatteuses : trompeuses.
3. jansénisme, molinisme : *cf.* p. 177 et 178.
4. opiniâtreté : entêtement, obstination.
5. chimériques : irréels, illusoires.
6. inintelligibles : incompréhensibles.

7. Conversation philosophique sur un thème traditionnel, cher aux épicuriens comme aux stoïciens : l'origine du Mal, la brièveté de la vie humaine et la question de mener une vie heureuse et bonne. Voltaire a abordé toutes ces questions dans des contes antérieurs.
8. satellites : complices d'une action indigne (terme péjoratif).

« J'ai vu dans ma jeunesse, dit le bonhomme Gordon, un parent du maréchal de Marillac[1], qui, étant poursuivi dans sa province
110 pour la cause de cet illustre malheureux, se cachait dans Paris sous un nom supposé. C'était un vieillard de soixante et douze ans. Sa femme, qui l'accompagnait, était à peu près de son âge. Ils avaient eu un fils libertin[2] qui, à l'âge de quatorze ans, s'était enfui de la maison paternelle : devenu soldat, puis déserteur, il avait passé par
115 tous les degrés de la débauche et de la misère ; enfin, ayant pris un nom de terre[3], il était dans les gardes du cardinal de Richelieu[4] (car ce prêtre, ainsi que le Mazarin[5], avait des gardes) ; il avait obtenu un bâton d'exempt[6] dans cette compagnie de satellites. Cet aventurier fut chargé d'arrêter le vieillard et son épouse, et
120 s'en acquitta avec toute la dureté d'un homme qui voulait plaire à son maître. Comme il les conduisait, il entendit ces deux victimes déplorer la longue suite des malheurs qu'elles avaient éprouvés depuis leur berceau. Le père et la mère comptaient parmi leurs plus grandes infortunes les égarements et la perte de
125 leur fils. Il les reconnut ; il ne les conduisit pas moins en prison, en les assurant que Son Éminence devait être servie de préférence à tout. Son Éminence récompensa son zèle.

« J'ai vu un espion du père de La Chaise trahir son propre frère, dans l'espérance d'un petit bénéfice qu'il n'eut point ; et je l'ai
130 vu mourir, non de remords, mais de douleur d'avoir été trompé par le jésuite.

« L'emploi de confesseur que j'ai longtemps exercé m'a fait connaître l'intérieur des familles ; je n'en ai guère vu qui fussent plongées dans l'amertume, tandis qu'au-dehors couvertes

notes ....

1. Le maréchal de Marillac (1573-1632) complota contre Richelieu et fut décapité.
2. libertin : au premier sens de « qui s'est affranchi » (ici, de l'autorité paternelle).
3. ayant pris un nom de terre : ayant remplacé son nom de famille par le nom d'un domaine, pour ne pas être reconnu.
4. Richelieu (1585-1642), premier ministre de Louis XIII.

5. Mazarin (1602-1661), successeur de Richelieu, fut un premier ministre habile mais contesté, voire calomnié. L'article défini devant son nom montre le mépris de Voltaire à son égard.
6. exempt : officier, ordinairement chargé des arrestations, à la tête de quelques soldats.

135 du masque du bonheur elles paraissaient nager dans la joie, et j'ai toujours remarqué que les grands chagrins étaient le fruit de notre cupidité effrénée[1].

– Pour moi, dit l'Ingénu, je pense qu'une âme noble, reconnaissante et sensible peut vivre heureuse ; et je compte bien jouir
140 d'une félicité[2] sans mélange avec la belle et généreuse Saint-Yves. Car je me flatte, ajouta-t-il, en s'adressant à son frère avec le sourire de l'amitié, que vous ne me refuserez pas, comme l'année passée, et que je m'y prendrai d'une manière plus décente. » L'abbé se confondit en excuses du passé et en protestations d'un
145 attachement éternel.

L'oncle Kerkabon dit que ce serait le plus beau jour de sa vie. La bonne tante, en s'extasiant et en pleurant de joie, s'écriait : « Je vous l'avais bien dit que vous ne seriez jamais sous-diacre ! Ce sacrement-ci vaut mieux que l'autre ; plût à Dieu que j'en eusse
150 été honorée ! mais je vous servirai de mère. » Alors ce fut à qui renchérirait[3] sur les louanges de la tendre Saint-Yves.

Son amant avait le cœur trop plein de ce qu'elle avait fait pour lui, il l'aimait trop pour que l'aventure des diamants eût fait sur son cœur une impression dominante. Mais ces mots qu'il avait
155 trop entendus : *vous me donnez la mort*, l'effrayaient encore en secret et corrompaient toute sa joie, tandis que les éloges de sa belle maîtresse augmentaient encore son amour. Enfin on n'était plus occupé que d'elle ; on ne parlait que du bonheur que ces deux amants méritaient ; on s'arrangeait pour vivre tous
160 ensemble dans Paris ; on faisait des projets de fortune et d'agrandissement ; on se livrait à toutes ces espérances que la moindre lueur de félicité fait naître si aisément. Mais l'Ingénu, dans le fond de son cœur, éprouvait un sentiment secret qui repoussait cette illusion. Il relisait ces promesses signées Saint-Pouange, et les
165 brevets signés Louvois ; on lui dépeignit ces deux hommes tels

notes
_____

1. **cupidité effrénée** : avidité sans limites.
2. **félicité** : bonheur.

3. **renchérirait** : ajouterait des louanges encore plus vives.

qu'ils étaient, ou qu'on les croyait être. Chacun parla des ministres et du ministère avec cette liberté de table regardée en France comme la plus précieuse liberté qu'on puisse goûter sur la terre.

170 « Si j'étais roi de France, dit l'Ingénu, voici le ministre de la Guerre que je choisirais : je voudrais un homme de la plus haute naissance, par la raison qu'il donne des ordres à la noblesse. J'exigerais qu'il eût été lui-même officier, qu'il eût passé par tous les grades, qu'il fût au moins lieutenant général des armées, et digne d'être maréchal de France ; car n'est-il pas nécessaire qu'il 175 ait servi lui-même pour mieux connaître les détails du service ? et les officiers n'obéiront-ils pas avec cent fois plus d'allégresse à un homme de guerre, qui aura comme eux signalé son courage, qu'à un homme de cabinet qui ne peut que deviner tout au plus les opérations d'une campagne, quelque esprit qu'il puisse avoir ? Je 180 ne serais pas fâché que mon ministre fût généreux, quoique mon garde du Trésor royal en fût quelquefois un peu embarrassé. J'aimerais qu'il eût un travail facile, et que même il se distinguât par cette gaieté d'esprit, partage d'un homme supérieur aux affaires, qui plaît tant à la nation, et qui rend tous les devoirs moins 185 pénibles. » Il désirait qu'un ministre eût ce caractère, parce qu'il avait toujours remarqué que cette belle humeur est incompatible avec la cruauté.

Mons de Louvois n'aurait peut-être pas été satisfait des souhaits de l'Ingénu : il avait une autre sorte de mérite.

190 Mais, pendant qu'on était à table, la maladie de cette fille malheureuse prenait un caractère funeste ; son sang s'était allumé, une fièvre dévorante s'était déclarée, elle souffrait et ne se plaignait point, attentive à ne pas troubler la joie des convives.

Son frère, sachant qu'elle ne dormait pas, alla au chevet de son 195 lit ; il fut surpris de l'état où elle était. Tout le monde accourut ; l'amant se présentait à la suite du frère. Il était, sans doute, le plus alarmé et le plus attendri de tous ; mais il avait appris à joindre la

discrétion à tous les dons heureux que la nature lui avait prodi-
gués, et le sentiment prompt des bienséances commençait à
200   dominer dans lui.

On fit venir aussitôt un médecin du voisinage. C'était un de
ceux qui visitent leurs malades en courant, qui confondent la
maladie qu'ils viennent de voir avec celle qu'ils voient, qui
mettent une pratique[1] aveugle dans une science à laquelle toute la
205   maturité d'un discernement sain et réfléchi ne peut ôter son
incertitude et ses dangers. Il redoubla le mal par sa précipitation
à prescrire un remède alors à la mode. De la mode jusque dans la
médecine ! Cette manie était trop commune dans Paris.

La triste Saint-Yves contribuait encore plus que son médecin à
210   rendre sa maladie dangereuse. Son âme tuait son corps. La foule
des pensées qui l'agitaient portait dans ses veines un poison plus
dangereux que celui de la fièvre la plus brûlante.

note ....

I **1. pratique** : routine.

Chapitre vingtième

La belle Saint-Yves meurt,
et ce qui en arrive

On appela un autre médecin : celui-ci, au lieu d'aider la nature et de la laisser agir dans une jeune personne dans qui tous les organes rappelaient la vie, ne fut occupé que de contrecarrer son confrère. La maladie devint mortelle en deux jours. Le cerveau,
5 qu'on croit le siège de l'entendement, fut attaqué aussi violemment que le cœur, qui est, dit-on, le siège des passions.

Quelle mécanique incompréhensible a soumis les organes au sentiment et à la pensée ? Comment une seule idée douloureuse dérange-t-elle le cours du sang, et comment le sang à son tour
10 porte-t-il ses irrégularités dans l'entendement humain ? Quel est ce fluide inconnu et dont l'existence est certaine, qui, plus prompt, plus actif que la lumière, vole en moins d'un clin d'œil dans tous les canaux de la vie, produit les sensations, la mémoire,

15 la tristesse ou la joie, la raison ou le vertige, rappelle avec horreur
ce qu'on voudrait oublier, et fait d'un animal pensant ou un objet
d'admiration, ou un sujet de pitié et de larmes[1] ?

C'était là ce que disait le bon Gordon ; et cette réflexion si
naturelle, que rarement font les hommes, ne dérobait rien à son
attendrissement ; car il n'était pas de ces malheureux philosophes
20 qui s'efforcent d'être insensibles. Il était touché du sort de cette
jeune fille, comme un père qui voit mourir lentement son enfant
chéri. L'abbé de Saint-Yves était désespéré, le prieur et sa sœur
répandaient des ruisseaux de larmes. Mais qui pourrait peindre
l'état de son amant ? Nulle langue n'a des expressions qui
25 répondent à ce comble des douleurs ; les langues sont trop
imparfaites.

La tante, presque sans vie, tenait la tête de la mourante dans ses
faibles bras, son frère était à genoux au pied du lit. Son amant
pressait sa main, qu'il baignait de pleurs, et éclatait en sanglots ; il
30 la nommait sa bienfaitrice, son espérance, sa vie, la moitié de
lui-même, sa maîtresse, son épouse. À ce mot d'*épouse*, elle
soupira, le regarda avec une tendresse inexprimable, et soudain
jeta un cri d'horreur ; puis, dans un de ces intervalles où l'acca-
blement et l'oppression des sens, et les souffrances suspendues,
35 laissent à l'âme sa liberté et sa force, elle s'écria : « Moi, votre
épouse ! Ah ! cher amant, ce nom, ce bonheur, ce prix, n'étaient
plus faits pour moi ; je meurs, et je le mérite. Ô dieu de mon
cœur ! ô vous que j'ai sacrifié à des démons infernaux, c'en est
fait, je suis punie, vivez heureux. » Ces paroles tendres et terribles
40 ne pouvaient être comprises ; mais elles portaient dans tous les
cœurs l'effroi et l'attendrissement ; elle eut le courage de s'expliquer. Chaque mot fit frémir d'étonnement, de douleur et de pitié
tous les assistants. Tous se réunissaient à détester l'homme puissant qui n'avait réparé une horrible injustice que par un crime, et
45 qui avait forcé la plus respectable innocence à être sa complice.

note
....

1. Gordon se livre à une réflexion sur la circulation
du sang, qui, croyait-on, déterminait les états d'âme.

« Qui ? vous, coupable ! lui dit son amant ; non, vous ne l'êtes pas ; le crime ne peut être que dans le cœur, le vôtre est à la vertu et à moi. »

Il confirmait ce sentiment par des paroles qui semblaient
50 ramener à la vie la belle Saint-Yves. Elle se sentit consolée, et s'étonnait d'être aimée encore. Le vieux Gordon l'aurait condamnée dans le temps qu'il n'était que janséniste ; mais, étant devenu sage, il l'estimait et il pleurait.

Au milieu de tant de larmes et de craintes, pendant que le
55 danger de cette fille si chère remplissait tous les cœurs, que tout était consterné, on annonce un courrier de la Cour. Un courrier ! et de qui ? et pourquoi ? C'était de la part du confesseur du roi pour le prieur de la Montagne ; ce n'était pas le père de La Chaise qui écrivait, c'était le frère Vadbled[1], son valet de chambre,
60 homme très important dans ce temps-là, lui qui mandait aux archevêques les volontés du Révérend Père, lui qui donnait audience, lui qui promettait des bénéfices, lui qui faisait quelque fois expédier des lettres de cachet. Il écrivait à l'abbé de la Montagne que « Sa Révérence était informée des aventures de
65 son neveu, que sa prison n'était qu'une méprise[2], que ces petites disgrâces arrivaient fréquemment, qu'il ne fallait pas y faire attention, et qu'enfin il convenait que lui prieur vînt lui présenter son neveu le lendemain, qu'il devait amener avec lui le bonhomme Gordon, que lui frère Vadbled les introduirait chez
70 Sa Révérence et chez mons de Louvois, lequel leur dirait un mot dans son antichambre. »

Il ajoutait que l'histoire de l'Ingénu et son combat contre les Anglais avaient été contés au roi, que sûrement le roi daignerait le remarquer quand il passerait dans la galerie[3], et peut-être même

notes

1. Un jésuite de l'entourage du père de La Chaise s'appelait Vatebled.
2. **méprise** : erreur.

3. La galerie des Glaces que le roi empruntait chaque jour pour se rendre à la chapelle et où le public pouvait se montrer à lui.

75 lui ferait un signe de tête. La lettre finissait par l'espérance dont on le flattait que toutes les dames de la Cour s'empresseraient de faire venir son neveu à leurs toilettes[1], que plusieurs d'entre elles lui diraient : « Bonjour, monsieur l'Ingénu » ; et qu'assurément il serait question de lui au souper du roi. La lettre était signée :

80 « Votre affectionné Vadbled, frère jésuite. »

Le prieur ayant lu la lettre tout haut, son neveu, furieux, et commandant un moment à sa colère, ne dit rien au porteur ; mais, se tournant vers le compagnon de ses infortunes, il lui demanda ce qu'il pensait de ce style. Gordon lui répondit :

85 « C'est donc ainsi qu'on traite les hommes comme des singes ! On les bat et on les fait danser. » L'Ingénu, reprenant son caractère, qui revient toujours dans les grands mouvements de l'âme, déchira la lettre par morceaux, et les jeta au nez du courrier : « Voilà ma réponse. » Son oncle, épouvanté, crut voir

90 le tonnerre et vingt lettres de cachet tomber sur lui. Il alla vite écrire et excuser, comme il put, ce qu'il prenait pour l'emportement d'un jeune homme, et qui était la saillie[2] d'une grande âme.

Mais des soins[3] plus douloureux s'emparaient de tous les cœurs.

95 La belle et infortunée Saint-Yves sentait déjà sa fin approcher ; elle était dans le calme, mais dans ce calme affreux de la nature affaissée qui n'a plus la force de combattre. « Ô mon cher amant ! dit-elle d'une voix tombante, la mort me punit de ma faiblesse ; mais j'expire avec la consolation de vous savoir libre. Je vous ai

100 adoré en vous trahissant, et je vous adore en vous disant un éternel adieu. »

Elle ne se parait pas d'une vaine fermeté ; elle ne concevait pas cette misérable gloire de faire dire à quelques voisins : « Elle est morte avec courage. » Qui peut perdre à vingt ans son amant, sa

notes

1. Les dames le recevaient dans leurs appartements privés, leur boudoir ou leur cabinet de toilette.
2. **saillie** : manifestation.
3. **soins** : chagrins.

138

105 vie, et ce qu'on appelle l'*honneur*[1], sans regrets et sans déchirements ? Elle sentait toute l'horreur de son état, et le faisait sentir
par ces mots et par ces regards mourants qui parlent avec tant
d'empire[2]. Enfin elle pleurait comme les autres dans les moments
où elle eut la force de pleurer.

110 Que d'autres cherchent à louer les morts fastueuses de ceux qui
entrent dans la destruction avec insensibilité : c'est le sort de tous
les animaux. Nous ne mourons comme eux avec indifférence que
quand l'âge ou la maladie nous rend semblables à eux par la
stupidité de nos organes. Quiconque fait une grande perte a de

115 grands regrets ; s'il les étouffe, c'est qu'il porte la vanité jusque
dans les bras de la mort.

Lorsque le moment fatal fut arrivé, tous les assistants jetèrent[3]
des larmes et des cris. L'Ingénu perdit l'usage de ses sens. Les âmes
fortes ont des sentiments bien plus violents que les autres quand

120 elles sont tendres. Le bon Gordon le connaissait assez pour
craindre qu'étant revenu à lui il ne se donnât la mort. On écarta
toutes les armes ; le malheureux jeune homme s'en aperçut ; il dit
à ses parents et à Gordon, sans pleurer, sans gémir, sans s'émouvoir : « Pensez-vous donc qu'il y ait quelqu'un sur la terre qui ait

125 le droit et le pouvoir de m'empêcher de finir ma vie ? » Gordon
se garda bien de lui étaler ces lieux communs fastidieux[4] par
lesquels on essaye de prouver qu'il n'est pas permis d'user de sa
liberté pour cesser d'être quand on est horriblement mal, qu'il ne
faut pas sortir de sa maison quand on ne peut plus y demeurer,

130 que l'homme est sur la terre comme un soldat à son poste :
comme s'il importait à l'Être des êtres[5] que l'assemblage de
quelques parties de matière fût dans un lieu ou dans un autre[6] ;

notes

1. Pour elle, il s'agit de la chasteté.
2. empire : autorité, influence.
3. jetèrent : versèrent.
4. fastidieux : ennuyeux.
5. Périphrase pour désigner Dieu.
6. Déisme de Voltaire, venant réfuter les
arguments qui rejettent le suicide : Dieu ne se

préoccupe pas des destinées individuelles.
À la fin de *Candide*, on trouve la même idée,
exprimée de manière imagée, dans la bouche
du derviche : « Quand sa Hautesse envoie un
vaisseau en Égypte, s'embarrasse-t-elle si les
souris qui sont dans le vaisseau sont à leur aise
ou non ? »

raisons impuissantes qu'un désespoir ferme et réfléchi dédaigne d'écouter, et auxquelles Caton[1] ne répondit que par un coup de
135 poignard.

Le morne et terrible silence de l'Ingénu, ses yeux sombres, ses lèvres tremblantes, les frémissements de son corps portaient dans l'âme de tous ceux qui le regardaient ce mélange de compassion et d'effroi qui enchaîne toutes les puissances de l'âme, qui exclut
140 tout discours, et qui ne se manifeste que par des mots entre-coupés. L'hôtesse et sa famille étaient accourues ; on tremblait de son désespoir, on le gardait à vue, on observait tous ses mouve-ments. Déjà le corps glacé de la belle Saint-Yves avait été porté dans une salle basse, loin des yeux de son amant, qui semblait la
145 chercher encore, quoiqu'il ne fût plus en état de rien voir.

Au milieu de ce spectacle de la mort, tandis que le corps est exposé à la porte de la maison, que deux prêtres à côté d'un bénitier récitent des prières d'un air distrait[2], que des passants jettent quelques gouttes d'eau bénite sur la bière[3] par oisiveté,
150 que d'autres poursuivent leur chemin avec indifférence, que les parents pleurent et qu'un amant est prêt de s'arracher la vie[4], le Saint-Pouange arrive avec l'amie de Versailles.

Son goût passager, n'ayant été satisfait qu'une fois, était devenu de l'amour. Le refus de ses bienfaits l'avait piqué. Le père de La
155 Chaise n'aurait jamais pensé à venir dans cette maison ; mais Saint-Pouange ayant tous les jours devant les yeux l'image de la belle Saint-Yves, brûlant d'assouvir une passion qui par une seule jouissance avait enfoncé dans son cœur l'aiguillon des désirs, ne balança[5] pas à venir lui-même chercher celle qu'il n'aurait pas
160 peut-être voulu revoir trois fois si elle était venue d'elle-même.

notes

1. Caton d'Utique, homme politique de la République romaine, incarnation de la vertu et de la fermeté stoïciennes*, se perça de son épée après la victoire de César sur Pompée.
2. Trait satirique* contre le clergé. Le prêtre célèbre le rituel des morts mécaniquement, sans la moindre compassion.

3. bière : cercueil.
4. Voltaire prend soin de décrire l'attitude différente de chacun devant le cercueil pour mettre en valeur l'extrême chagrin de l'Ingénu.
5. ne balança : n'hésita.

Il descend de carrosse ; le premier objet qui se présente à lui est une bière ; il détourne les yeux avec ce simple dégoût d'un homme nourri dans les plaisirs, qui pense qu'on doit lui épargner tout spectacle qui pourrait le ramener à la contemplation de la
165 misère humaine. Il veut monter. La femme de Versailles demande par curiosité qui on va enterrer ; on prononce le nom de Mlle de Saint-Yves. À ce nom, elle pâlit et poussa un cri affreux ; Saint-Pouange se retourne ; la surprise et la douleur saisissent son âme. Le bon Gordon était là, les yeux remplis de
170 larmes. Il interrompt ses tristes prières pour apprendre à l'homme de Cour toute cette horrible catastrophe. Il lui parle avec cet empire¹ que donnent la douleur et la vertu. Saint-Pouange n'était point né méchant ; le torrent² des affaires et des amusements avait emporté son âme qui ne se connaissait pas encore. Il ne touchait
175 point à la vieillesse, qui endurcit d'ordinaire le cœur des ministres ; il écoutait Gordon les yeux baissés, et il en essuyait quelques pleurs qu'il était étonné de répandre : il connut le repentir³.

« Je veux voir absolument, dit-il, cet homme extraordinaire dont vous m'avez parlé ; il m'attendrit presque autant que cette
180 innocente victime dont j'ai causé la mort. » Gordon le suit jusqu'à la chambre où le prieur, la Kerkabon, l'abbé de Saint-Yves et quelques voisins rappelaient à la vie le jeune homme retombé en défaillance.

« J'ai fait votre malheur, lui dit le sous-ministre ; j'emploierai
185 ma vie à le réparer. » La première idée qui vint à l'Ingénu fut de le tuer et de se tuer lui-même après. Rien n'était plus à sa place⁴ ; mais il était sans armes et veillé de près. Saint-Pouange ne se rebuta point des refus accompagnés du reproche, du mépris et de l'horreur qu'il avait mérités, et qu'on lui prodigua⁵. Le temps

notes

1. **empire** : ici, pouvoir d'éveiller l'émotion.
2. **torrent** : terme métaphorique pour caractériser une existence entièrement consacrée aux affaires de la Cour et aux plaisirs.
3. **il connut le repentir** : il reconnut ses fautes. Tous les personnages du conte retirent un

enseignement de leur expérience et s'améliorent.
4. L'Ingénu est, au sens figuré, totalement désarmé ; plus rien n'a de sens pour lui.
5. **ne se rebuta point [...] prodigua** : ne se découragea pas en entendant les reproches et le mépris que tous lui témoignèrent.

190 adoucit tout. Mons de Louvois vint enfin à bout de faire un
excellent officier de l'Ingénu, qui a paru sous un autre nom à Paris
et dans les armées, avec l'approbation de tous les honnêtes gens,
et qui a été à la fois un guerrier et un philosophe intrépide[1].

Il ne parlait jamais de cette aventure sans gémir, et cependant sa
195 consolation était d'en parler. Il chérit la mémoire de la tendre
Saint-Yves jusqu'au dernier moment de sa vie. L'abbé de Saint-
Yves et le prieur eurent chacun un bon bénéfice ; la bonne
Kerkabon aima mieux voir son neveu dans les honneurs mili-
taires que dans le sous-diaconat[2]. La dévote de Versailles garda
200 les boucles de diamants, et reçut encore un beau présent. Le père
Tout-à-tous eut des boîtes de chocolat, de café, de sucre candi,
de citrons confits, avec les *Méditations du révérend père Croiset* et *La
Fleur des saints* reliées en maroquin[3]. Le bon Gordon vécut avec
l'Ingénu jusqu'à sa mort dans la plus intime amitié ; il eut un
205 bénéfice aussi, et oublia pour jamais la grâce efficace et le
concours concomitant[4]. Il prit pour sa devise : *malheur est bon à
quelque chose*. Combien d'honnêtes gens dans le monde ont pu
dire : *malheur n'est bon à rien !*

notes ....

1. intrépide : courageux. Qualité prêtée
d'ordinaire aux guerriers, l'intrépidité est
affectée ici aux philosophes. Eux aussi mènent
un combat qui exige de la résistance, de la
vaillance.
2. *Diaconat* vient de *diacre*, clerc qui exerce
des fonctions liturgiques sans être prêtre.
Le diaconat est le statut de diacre.

3. Ouvrages de piété écrits par des jésuites et
reliés en cuir de bouc provenant du Maroc.
4. concomitant : simultané. Vocabulaire
religieux : la grâce concomitante accompagne
nos actions et les rend méritoires.

Atala au tombeau, dit aussi *Les funérailles d'Atala*, tableau d'Anne-Louis Girodet, 1808.

Test de première lecture

❶ À quelle époque se déroule l'intrigue ?

❷ En quoi l'Ingénu incarne-t-il la rencontre des cultures ?

❸ Quel objet porte-t-il au cou à son arrivée en Basse-Bretagne ?

❹ Qui l'Ingénu retrouve-t-il en Basse-Bretagne ?

❺ Dès l'arrivée de l'Ingénu, on entend faire son éducation. Comment s'y prend-on ?

❻ Quel projet d'avenir l'abbé de Kerkabon caresse-t-il pour l'Ingénu ?

❼ Quel autre nom a-t-on donné à l'Ingénu ?

❽ Quelles langues parle-t-il ?

❾ Qui est la marraine de l'Ingénu ?

❿ Pourquoi l'Ingénu veut-il être circoncis ?

⓫ Pour quelles raisons veut-il rencontrer le roi à Versailles ?

⓬ Avec qui la belle Saint-Yves refuse-t-elle de se marier ?

⓭ Quel individu le Huron rencontre-t-il à Saumur ?

⓮ Pourquoi est-il emprisonné ?

⓯ Comment se nomme son compagnon de cellule ? À quelle secte religieuse appartient-il ?

⓰ Donnez deux preuves qui montrent que le père Tout-à-tous se présente comme un opposant* plutôt qu'un allié du héros.

⓱ Qui est Vadbled ?

⓲ Quelle *proposition délicate* Saint-Pouange fait-il à la belle Saint-Yves ?

⓳ De quoi la belle Saint-Yves meurt-elle ?

⓴ Quels métiers l'Ingénu va-t-il exercer après le dénouement du conte ?

* : *Cf.* Glossaire

L'étude
de l'œuvre

Quelques notions de base

En préliminaire :
quelques renseignements sur le genre littéraire

Dans quel genre littéraire se classe **L'ingénu** ?

L'ingénu se range dans une sous-catégorie du genre narratif, le conte philosophique qui est, lui, relié au conte traditionnel.

À l'origine, le conte était un récit oral qui servait à maintenir vivant l'héritage de l'imaginaire collectif. À partir du XVIIe siècle, par souci de préservation, des écrivains comme Charles Perrault (1628-1703) font la transcription écrite de ces légendes transmises de génération en génération. Les origines populaires du conte expliquent en outre qu'il soit associé au merveilleux*, au fantastique, bref à tout ce qui échappe au contrôle rationnel. Au Québec, le conte occupe une place de prédilection en littérature comme en témoigne le nombre d'écrivains qui lui doivent leur renommée : Pamphile Lemay (1837-1918), Honoré Beaugrand (1848-1906), Louis Fréchette (1839-1908) et, plus proche de nous, Fred Pellerin.

En tant que sous-genre narratif, le conte possède des caractéristiques distinctives, comme de présenter un narrateur qui utilise des formules convenues ainsi que le ferait un conteur qui veut retenir l'attention de son auditoire. Le récit est centré sur des personnages plutôt invraisemblables – fées, géants, sorcières, magiciens et lutins –, souvent associés au merveilleux médiéval ou religieux. Le dialogue y occupe une place de prédilection, ce qui témoigne encore une fois des racines orales de ce genre littéraire où la thématique sert des fins moralisatrices.

Avec le conte philosophique, Voltaire renouvelle le genre du conte traditionnel. L'écrivain des Lumières en retient certaines

* : *Cf.* Glossaire

caractéristiques comme de lier son intrigue à un cadre à caractère merveilleux (décor oriental dans le cas de *Zadig* ; dans *L'ingénu*, le personnage vient de l'Amérique récemment colonisée qui continue de faire rêver l'Europe). Le Huron est aussi un personnage à la limite du vraisemblable, une sorte de géant doté d'une force herculéenne et d'une intelligence étonnamment bien aiguisée. L'orientation générale du récit est toutefois nettement plus rationnelle que ce que l'on trouve d'ordinaire dans les contes populaires. Voltaire fait de l'Ingénu le porte-parole de ses idées alors que les autres protagonistes sont les représentants soit du clergé ou de la noblesse, cibles principales de ses sarcasmes. Par rapport à ses propres contes tels *Candide* ou *Zadig*, Voltaire innove par une facture plus réaliste. Les personnages sont toujours mis au service d'une argumentation, mais le caractère merveilleux s'atténue au profit d'une plus grande vraisemblance. *L'ingénu* illustre aussi l'influence du roman sentimental. Des amoureux séparés malgré eux et la mort de l'héroïne sont des péripéties qui s'inscrivent dans une tonalité* pathétique* s'apparentant au roman sentimental.

L'ingénu, un conte philosophique vraisemblable

> *Comment se révèle dans l'œuvre ce parti pris d'une plus grande vraisemblance ?*

Dans *L'ingénu*, Voltaire situe son histoire dans un décor géographique précis, la Bretagne, pour la déplacer ensuite à Versailles. Il installe son héros dans la prison de la Bastille pendant plusieurs chapitres. Ce lieu rappelle les injustices que combattent les Lumières : c'est là où sont enfermés notamment ceux qui critiquent le régime monarchiste. Le héros, bien qu'il soit vaillant et courageux et qu'il accomplisse quelques prouesses – il tue trois Anglais et met en déroute une escadre (chapitre VII) –, conserve son humanité. Le Huron se distingue en réalité surtout par son intelligence qui lui

* : *Cf.* Glossaire

fait porter un regard nouveau sur des événements réels bien connus des contemporains de l'écrivain. Par choix, Voltaire passe d'ailleurs rapidement sur l'enfance de son héros qui aurait pu facilement donner lieu à des descriptions exotiques susceptibles d'étonner le lecteur. Le Nouveau Monde dont il est issu ne fait pas l'objet d'une présentation détaillée ; on se contente d'un concentré des mœurs amérindiennes, qu'il s'agisse des amours de l'Ingénu avec Mlle Abacaba, d'anthropophagie ou de polygamie. Le conte prend ainsi une tonalité plus réaliste qui sert bien l'intention de Voltaire qui s'intéresse surtout à dénoncer les travers de son temps.

Tableau synthèse des caractéristiques du conte philosophique

Histoire	**Personnages :** sans profondeur psychologique, ils ressemblent à des marionnettes aux mains d'un auteur qui se sert d'eux pour illustrer son argumentation.
	Action : événements juxtaposés assez librement (on parle même d'organisation décousue ou de morcellement) selon les caprices de l'argumentation ou la fantaisie de l'auteur-conteur.
	Cadre spatio-temporel relevant souvent du merveilleux : l'Orient ou des contrées éloignées (ce qui témoigne de l'influence du conte traditionnel).
Narration	**Choix de voix narratives : qui raconte ?** Dans le conte philosophique, la voix du conteur s'efface devant celle du narrateur à la troisième personne (non représenté), mais la leçon philosophique à la fin des épisodes laisse deviner la présence de l'auditeur à qui s'adresse le message.
	Choix de regard ou de perspective : qui observe la scène ? La focalisation* est externe : le narrateur observe le monde de l'extérieur sans pénétrer les consciences, puisque le but n'est pas la vraisemblance psychologique, mais bien plutôt l'argumentation par l'intermédiaire des personnages.
	Le dialogue Le dialogue est l'outil narratif de prédilection, il envahit souvent le texte au détriment des autres techniques de narration. Le dialogue rend compte des origines orales du conte ; il sert bien le choc des idées. (Il illustre en outre la mentalité du XVIIIe siècle qui raffole des conversations raffinées.)
Thématique	L'injustice, l'arbitraire social ; le pouvoir politique, l'art de gouverner ; la condition humaine ; la religion et la réflexion métaphysique (la relation au Créateur) ; la tradition, les superstitions.
Style et procédés d'écriture	L'humour, l'ironie*, la satire*, tous les jeux de mots mis au service de la polémique*.

*: *Cf.* Glossaire

L'étude du conte
en s'appuyant
sur des extraits

L'Ingénu,
le conte

Étape préparatoire à l'analyse ou à la dissertation : compréhension du passage en tenant compte du contexte

❶ Montrer que l'*incipit** remplit bien sa fonction dans ces premières pages en donnant une ou des preuves à l'appui des caractéristiques suivantes :

   a) Une présentation de plusieurs personnages importants.

   b) Un cadre spatio-temporel précis.

   c) Une situation initiale qui sert d'amorce au récit.

   d) Des faits et des indices qui attisent l'intérêt.

❷ Analysez les descriptions de personnages en répondant aux questions suivantes :

   a) Expliquez en quoi la description de l'abbé Kerkabon illustre l'humour sarcastique voltairien dont la cible principale est le clergé.

   b) Montrez que la description de Mlle Kerkabon révèle un ensemble de contrastes susceptibles de faire sourire le lecteur.

   c) Montrez que la description du Huron se situe entre vraisemblance et invraisemblance.

   d) De façon générale, peut-on dire que les personnages sont décrits positivement ou négativement ? Le but semble-t-il de susciter la sympathie du lecteur ? Justifiez vos réponses.

❸ Que nous apprennent ces premières pages sur les nations évoquées ici par le biais des personnages, soit :

* : *Cf.* Glossaire

a) Les Français ?

b) Les Amérindiens ?

c) Les Anglais ?

d) Quel est l'effet recherché par ces descriptions ?

❹ Quelle fonction remplissent les deux premières répliques au style direct (l. 25 à 35) ?

❺ Le début du récit présente une composition très particulière.

a) La répétition : une même action est posée par plusieurs personnages. Laquelle ?

b) Le jeu de miroir : la répétition évolue vers un jeu de miroir où des actions se répondent. Montrez-le.

❻ On sait que Voltaire aimait à critiquer les membres du clergé. Quels éléments de l'extrait peut-on relier à une critique des hommes d'Église ?

❼ Mlle de Kerkabon formule des préjugés à plusieurs reprises.

a) Relevez les phrases qui les expriment.

b) Reflètent-ils selon vous la mentalité de l'époque ?

❽ En quoi cette entrée en matière illustre-t-elle les caractéristiques du conte traditionnel ? celles du conte philosophique ?

.... **Vers la rédaction** ....

❾ Suivez les étapes proposées dans le but de rédiger une introduction qui conviendrait à l'un des deux sujets suivants, au choix :

• En vous appuyant sur l'extrait, montrez qu'il illustre partiellement l'humour voltairien.

• Expliquez en quoi cet extrait joue bien son rôle d'entrée en matière.

a) En fonction du sujet retenu, choisissez la formulation qui pourrait le mieux convenir comme « sujet amené » :

    a. Voltaire s'inspire de plusieurs genres pour écrire *L'ingénu*.

    b. Au cours de sa vie, Voltaire a dénoncé les superstitions et les préjugés.

    c. Le conte n'est pas un genre reconnu au XVIIIe siècle.

    d. Au cours de sa vie, Voltaire a énormément voyagé, soit pour fuir le danger ou parce qu'il a été forcé à l'exil.

    e. La littérature des Lumières est reconnue pour l'importance accordée à la notion de plaisir et pour son aspiration au bonheur terrestre.

    f. Considéré comme l'écrivain incontournable du XVIIIe siècle, Voltaire excelle dans l'art de raconter pour convaincre.

b) Parmi les idées suivantes, dégagez-en deux ou trois qui vous semblent significatives et qui pourront vous servir pour le «sujet divisé»:

    a. Voltaire exerce son humour à l'encontre des nations représentées dans ces premières pages.

    b. Il dresse un portrait plutôt humoristique de ses personnages.

    c. Il fournit au lecteur les informations essentielles pour suivre son récit.

    d. Le clergé est la cible principale de ses sarcasmes.

    e. Voltaire dénonce des préjugés par l'intermédiaire de ses personnages.

    f. Voltaire sait mettre en scène rapidement ses personnages principaux.

    g. Il use de moyens stylistiques variés pour intéresser son lecteur.

c) Rédigez l'introduction en utilisant vos réponses précédentes de façon pertinente et en les complétant pour qu'on y trouve les articulations suivantes: le «sujet amené», le «sujet posé» (accompagné d'une courte présentation du conte et de la place de l'extrait dans l'œuvre) et le «sujet divisé».

⑩ D'entrée de jeu, Voltaire aborde un thème qui lui est cher, la tolérance. Suivez la démarche ci-dessous pour chacun des paragraphes de votre dissertation :

a) Formulez en ouverture la phrase-clé qui présente l'idée principale du paragraphe.

b) Présentez deux ou trois idées secondaires.

c) Illustrez-les par des citations et des exemples.

d) Terminez le paragraphe par une phrase de clôture ou une phrase de transition, au choix.

⑪ Retenez un des trois sujets précédents (questions 9 et 10) pour rédiger une analyse ou une dissertation complète. Prévoyez de réviser votre dissertation par étapes successives :

a) Une première révision qui concerne le sens.

b) Une deuxième révision d'ordre orthographique et grammatical.

c) Et, si possible, une dernière révision qui part de la fin du texte pour remonter vers le début.

❶ Le portrait que l'on dresse de l'éducation n'est pas très élogieux.

   a) En quoi la constitution de l'Ingénu est-elle supérieure à celle des Européens ?

   b) Que dit-on à propos de l'enfance européenne ?

   c) L'Ingénu possède les capacités intellectuelles d'un élève modèle. Faites-en le relevé.

   d) À partir de quel moment assiste-t-on à la démission du maître ?

❷ Comme c'est la règle dans les contes philosophiques de Voltaire, on se moque beaucoup des mœurs religieuses.

   a) Expliquez en quoi le projet du prieur ressemble à de la malhonnêteté.

   b) En quoi la lecture de la Bible par l'Ingénu diffère-t-elle de celle des ecclésiastiques ?

   c) Quels sont les rites religieux dont il est question dans cet extrait ? Quel bilan peut-on en faire ?

   d) Le portrait d'ensemble des hommes d'Église est-il positif ou négatif ?

❸ L'anecdote de la circoncision occupe une place importante dans l'extrait.

   a) Peut-on dire que Voltaire se fait grivois* ?

   b) En quoi les réactions des hommes et des femmes sont-elles différentes à ce sujet ?

   c) Quelle est l'intention de Voltaire en rapportant cette anecdote ?

❹ La personnalité hors du commun de l'Ingénu s'affirme dans cet extrait.

* : *Cf.* Glossaire

a) En quoi sa naïveté se révèle-t-elle ?

b) Démontrez qu'il exerce son esprit critique en tout temps.

c) Expliquez ce qui lui confère une certaine supériorité sur les ecclésiastiques.

d) Montrez que l'Ingénu est un être d'une grande sensibilité.

❺ En un paragraphe bien articulé, montrez comment cet épisode s'inscrit dans une satire du clergé, sinon même de la religion.

.... **Vers la rédaction** ....

❻ Cet extrait révèle des qualités qui font de l'Ingénu un héros. Démontrez-le.

Voltaire, L'ingénu, chapitre huitième
Extrait, pages 80 à 83, lignes 1 à 73

❶ Quelles sont les intentions de Voltaire qui vous semblent les plus manifestes dans ce chapitre parmi les énoncés suivants? Justifiez votre choix par une ou deux phrases d'explication.

 a) Dénoncer les intrigues de la cour de Versailles.

 b) Rendre le lecteur sympathique à la cause des protestants.

 c) Expliquer la position du pape par rapport à celle de Louis XIV.

 d) Dénoncer les actions du roi Louis XIV.

 e) Augmenter la sympathie du lecteur envers le héros.

 f) Poursuivre la dénonciation du clergé, en particulier des jésuites.

❷ En vous appuyant sur l'extrait, peut-on considérer que la révocation de l'édit de Nantes est une erreur?

❸ Analysez le comportement du héros en tenant compte des aspects suivants:

 a) Estimez-vous que l'Ingénu adresse des questions pertinentes aux protestants? Justifiez votre réponse avec des exemples à l'appui.

 b) Ses réactions sont-elles surtout de l'ordre de la raison ou de l'émotion?

 c) L'Ingénu est-il crédible aux yeux des protestants?

 d) Si l'on compare l'Ingénu aux protestants, quelle est la différence fondamentale qui les distingue?

 e) Apparaît-il comme un être statique ou plutôt susceptible d'évolution?

 f) Vous paraît-il jouer ici le rôle de porte-parole de Voltaire? Justifiez votre point de vue.

❹ Parmi les fonctions suivantes, quelles sont celles qui semblent le mieux correspondre au dernier paragraphe (l. 69 à 73)? Justifiez votre réponse.

a) Illustrer l'ambiguïté du héros.

b) Dénoncer la perfidie des jésuites.

c) Susciter l'intérêt du lecteur.

d) Émouvoir le lecteur par une scène pathétique.

❺ Dégagez l'opinion de Voltaire par rapport à la royauté, à la politique, à la religion et à la justice.

❻ Ce chapitre s'inscrit dans la tradition du conte philosophique. Démontrez-le en vous reportant au tableau des caractéristiques de ce genre (voir p. 149).

❼ Montrez que ce chapitre reproduit la structure des procès en répondant aux questions suivantes:

a) Quel est le mobile du « crime » commis?

b) Quelles sont les victimes?

c) Qui est juge de la cause?

d) À qui le « crime » profite-t-il?

.... **Vers la rédaction** ....

❽ Analysez les thèmes suivants: la religion, la justice et la politique.

❾ Montrez que ce chapitre illustre les caractéristiques de la littérature des Lumières.

Voltaire, L'ingénu, chapitre quatorzième

❶ Montrez que la structure de cet extrait repose sur un effet de contraste en étudiant les aspects suivants et expliquez l'effet que semble rechercher Voltaire :

  a) La relation des deux personnages.

  b) Un style fondé sur l'usage multiple d'antithèses.

  c) Des arguments et des impressions différentes.

❷ Démontrez que Voltaire privilégie ici une approche philosophique en considérant les aspects suivants :

  a) Le lexique : faites le relevé des termes se rapportant à la raison, à la vérité (et par le fait même à la fausseté) et à l'injustice.

  b) Les réparties : relevez celles qui traduisent une profonde réflexion sur la vie et justifiez votre choix.

  c) La thématique : dégagez trois grands thèmes et expliquez ce que semble vouloir démontrer Voltaire à leur propos.

❸ Démontrez que Voltaire fait de l'Ingénu son porte-parole dans l'échange avec le janséniste Gordon :

  a) À quoi l'Ingénu compare-t-il les sectes ?

  b) Quelle figure de style est à l'œuvre dans l'expression « les vérités obscures » ? En quoi cette expression traduit-elle le jugement de l'Ingénu ?

  c) Analysez l'importance des répliques attribuées à chaque personnage.

  d) Comment décririez-vous l'attitude de Gordon ?

  e) En quoi la dernière phrase du chapitre éclaire-t-elle particulièrement le lecteur sur le point de vue que privilégie Voltaire ?

f) À quoi peut-on attribuer l'amitié grandissante entre l'Ingénu et Gordon ?

❹ Dans ce chapitre, Voltaire critique une certaine conception de l'éducation.

a) Quelle est l'impression générale qui se dégage de tout ce chapitre à propos de l'éducation ?

b) Peut-on dire que les progrès de la connaissance ont tempéré la nature de l'Ingénu ?

c) À quoi attribue-t-on ses progrès « dans la science de l'homme » ?

d) Quel reproche adresse-t-il aux « romans nouveaux » ?

❺ La captivité de l'Ingénu et de Gordon est l'occasion de présenter un portrait peu élogieux de la justice française, en l'occurrence celle du XVIIᵉ siècle.

a) Quels reproches l'Ingénu formule-t-il contre la justice française ?

b) En matière de système judiciaire, à quel autre pays la France est-elle comparée ? En quoi cette comparaison a-t-elle pu susciter les réactions des lecteurs contemporains de Voltaire ?

.... **Vers la rédaction** ....

❻ Montrez que le texte de Voltaire fonctionne sur une logique d'antithèse.

Voltaire, L'ingénu, chapitre vingtième

Dernier extrait, pages 137 à 140, lignes 54 à 135

❶ Expliquez quels aspects contribuent au ton pathétique de l'extrait.

a) Relevez les éléments qui prouvent que Voltaire veut sublimer la mort de l'héroïne.

b) Énumérez les multiples réactions de l'Ingénu a la mort de la belle Saint-Yves.

c) Quelles sont les craintes de l'entourage au sujet du héros ?

d) Cette description vous semble-t-elle uniquement tournée vers les émotions ? Vous semble-t-elle évacuer la raison ? Justifiez vos réponses.

❷ Comment est décrit le valet Vadbled ? En quoi ce portrait contribue-t-il à la satire de Voltaire sur le clergé ?

❸ La lettre qu'apporte le valet Vadbled est scandaleuse à plusieurs égards.

a) Montrez qu'elle témoigne de l'insensibilité et de l'arrogance du roi et de son entourage.

b) En quoi cette lettre contient-elle une caricature implicite du courtisan captivé par des insignifiances ?

c) Pourquoi l'Ingénu déchire-t-il cette lettre ?

d) Comment le lecteur peut-il déduire que ce geste est courageux, sinon téméraire ?

e) Comment la comparaison que fait Gordon (l. 85 et 86) contribue-t-elle au caractère fortement dénonciateur de cet extrait ?

f) En trois phrases, résumez la vision de la cour et du pouvoir qui se dégage de ce passage.

❹ Montrez que les tribulations des personnages sont au service d'un riche contenu philosophique.

a) En quoi la comparaison avec les animaux (l. 110 à 116) contribue-t-elle à expliquer la nature humaine ?

b) Quelle conduite face à la mort Voltaire critique-t-il dans cet extrait ?

c) En vous appuyant sur le dernier paragraphe de l'extrait, expliquez la position de Voltaire sur le suicide.

d) Bien qu'il s'agisse d'une œuvre philosophique, quelle place donne-t-on aux sentiments ? Voltaire les dénigre-t-il ?

❺ Comment le personnage féminin est-il décrit ? En quoi ce portrait est-il implicitement moralisateur ?

❻ Peut-on dire qu'une telle conception d'un personnage féminin serait peu probable aujourd'hui ? Expliquez votre réponse en tenant compte de l'évolution sociale, notamment sous l'influence du féminisme.

.... **Vers la rédaction** ....

❼ En vous appuyant sur la situation finale et sur le reste du récit, montrez qu'il est difficile d'être libre.

❽ Démontrez que Voltaire, sans le condamner ni en faire la promotion, traite le suicide avec logique.

❾ En vous appuyant sur cet extrait et sur l'ensemble du récit, expliquez quelles sont les valeurs prioritaires aux yeux de Voltaire parmi les suivantes :

a) la tolérance ;

b) l'esprit critique ;

c) le travail ;

d) la liberté ;

e) la sentimentalité ;

f) la religion ;

g) l'amour.

Questionnaire sur le texte de Voltaire
⋙ Référez-vous au questionnaire précédent.

Montesquieu, *Lettres persanes*, 1721

C'est en 1721 que Montesquieu écrit les *Lettres persanes*, une œuvre qui marquera le siècle autant par sa popularité que par les thèmes et le genre épistolaire auxquels elle se rattache. Deux seigneurs persans séjournant en France à la fin du règne de Louis XIV entretiennent une correspondance où ils relatent ce qu'ils ont observé. Usbek, l'un des seigneurs, reçoit également des lettres de ses épouses, celles-ci retenues au sérail se plaignent de son absence et de leur manque de liberté. L'une d'entre elles, Roxane, a pu déjouer la vigilance des eunuques et avoir une liaison amoureuse. Elle écrit à Usbek pour lui révéler sa « trahison » et exprimer ses vrais sentiments envers lui.

Lettre CLXI
Roxane à Usbek, à Paris.

Oui, je t'ai trompé ; j'ai séduit[1] tes eunuques ; je me suis jouée de ta jalousie ; et j'ai su, de ton affreux sérail, faire un lieu de délices et de plaisirs.

Je vais mourir ; le poison va couler dans mes veines : car que ferais-je ici, puisque le seul homme qui me retenait à la vie n'est plus ? Je meurs ; mais mon ombre s'envole bien accompagnée : je viens d'envoyer devant moi ces gardiens sacrilèges[2] qui ont répandu le plus beau sang du monde.

Comment as-tu pensé que je fusse assez crédule pour m'imaginer que je ne fusse dans le Monde que pour adorer tes caprices ? que, pendant que tu te permets tout, tu eusses le droit d'affliger tous mes désirs ? Non ! J'ai pu vivre dans la servitude, mais j'ai toujours été libre : J'ai réformé tes lois sur celles de la nature, et mon esprit s'est toujours tenu dans l'indépendance.

Tu devrais me rendre grâces encore du sacrifice que je t'ai fait ; de ce que je me suis abaissée jusqu'à te paraître fidèle ; de ce que j'ai lâchement gardé dans mon cœur ce que j'aurais dû faire paraître à toute la Terre ; enfin, de ce que j'ai profané la vertu en souffrant qu'on appelât de ce nom ma soumission à tes fantaisies.

Tu étais étonné de ne point trouver en moi les transports de l'amour. Si tu m'avais bien connue, tu y aurais trouvé toute la violence de la haine.

---

1. séduit : trompé. **2. ces gardiens sacrilèges :** les eunuques qui ont assassiné son amant.

Mais tu as eu longtemps l'avantage de croire qu'un cœur comme le mien t'était soumis. Nous étions tous deux heureux : tu me croyais trompée, et je te trompais.

Ce langage, sans doute, te paraît nouveau. Serait-il possible qu'après t'avoir accablé de douleurs, je te forçasse encore d'admirer mon courage ? Mais c'en est fait : le poison me consume ; ma force m'abandonne ; la plume me tombe des mains ; je sens affaiblir jusqu'à ma haine ; je me meurs.

Du sérail d'Ispahan, le 8 de la lune de Rébiab 1, 1720.

Montesquieu, *Lettres persanes*, lettre CLXI, 1721.

❶ Quelles révélations accablantes Roxane adresse-t-elle à son maître et époux Usbek ?

❷ Roxane parle de la liberté en des termes surprenants. Montrez-le.

❸ Analysez la représentation de la femme, de l'amour, du couple dans cet extrait.

❹ En quoi la réflexion de Roxane traduit-elle une révolte contre la condition réservée aux femmes ?

Jean-Jacques Rousseau, *Julie ou la Nouvelle Héloïse*, 1761

Ce roman épistolaire qui met en scène deux jeunes amants a connu un succès immense au point de devenir le modèle du roman sentimental, un modèle dont s'inspireront les écrivains romantiques. Saint-Preux, jeune homme sans fortune, ne peut épouser Julie d'Étanges, son élève. Séparé d'elle un temps par le destin, Saint-Preux a voyagé pour s'éloigner de Julie qui a épousé M. de Wolmar ; ils se retrouvent lorsque Saint-Preux devient l'ami de la famille. Ayant sauvé son fils de la noyade, Julie a attrapé un refroidissement fatal.

Nous[1] passâmes l'après-midi, Claire et moi, seuls auprès d'elle ; et nous eûmes deux heures d'un entretien paisible, qu'elle rendit le plus intéressant, le plus charmant que nous eussions jamais eu.

Elle commença par quelques observations sur le touchant spectacle qui venait de nous frapper, et qui lui rappelait si vivement les premiers temps de sa jeunesse. Puis, suivant le fil des événements, elle fit une courte récapitulation

---

1. C'est M. de Wolmar qui écrit à Saint-Preux.

de sa vie entière, pour montrer qu'à tout prendre elle avait été douce et fortunée, que de degré en degré elle était montée au comble du bonheur permis sur la terre, et que l'accident qui terminait ses jours au milieu de leur course marquait, selon toute apparence, dans sa carrière naturelle, le point de séparation des biens et des maux.

Elle remercia le ciel de lui avoir donné un cœur sensible et porté au bien, un entendement sain, une figure prévenante; de l'avoir fait naître dans un pays[2] de liberté et non parmi des esclaves, d'une famille honorable et non d'une race de malfaiteurs, dans une honnête fortune et non dans les grandeurs du monde qui corrompent l'âme ou dans l'indigence[3] qui l'avilit. Elle se félicita d'être née d'un père et d'une mère tous deux vertueux et bons, pleins de droiture et d'honneur, et qui, tempérant les défauts l'un de l'autre, avaient formé sa raison sur la leur sans lui donner leur faiblesse ou leurs préjugés. Elle vanta l'avantage d'avoir été élevée dans une religion raisonnable et sainte[4], qui, loin d'abrutir l'homme, l'ennoblit et l'élève; qui, ne favorisant ni l'impiété ni le fanatisme, permet d'être sage et de croire, d'être humain et pieux tout à la fois.

Après cela, serrant la main de sa cousine qu'elle tenait dans la sienne, et la regardant de cet œil que vous devez connaître et que la langueur rendait encore plus touchant: «Tous ces biens, dit-elle, ont été donnés à mille autres; mais celui-ci!... le ciel ne l'a donné qu'à moi. J'étais femme, et j'eus une amie. Il nous fit naître en même temps; il mit dans nos inclinations un accord qui ne s'est jamais démenti; il fit nos cœurs l'un pour l'autre; il nous unit dès le berceau; je l'ai conservée tout le temps de ma vie, et sa main me ferme les yeux. Trouvez un autre exemple pareil au monde, et je ne me vante plus de rien. Quels sages conseils ne m'a-t-elle pas donnés? De quels périls ne m'a-t-elle pas sauvée? De quels maux ne me consolait-elle pas? Qu'eussé-je été sans elle? Que n'eût-elle pas fait de moi si je l'avais mieux écoutée? Je la vaudrais peut-être aujourd'hui.» Claire, pour toute réponse, baissa la tête sur le sein de son amie, et voulut soulager ses sanglots par des pleurs: il ne fut pas possible. Julie la pressa longtemps contre sa poitrine en silence. Ces moments n'ont ni mots ni larmes.

Jean-Jacques Rousseau, *Julie ou la Nouvelle Héloïse*, sixième partie, lettre XI de M. de Wolmar, 1761.

2. Il s'agit de la Suisse, seul pays d'Europe qui, au XVIIIᵉ siècle, ne soit pas une monarchie.
3. **indigence**: misère. 4. La religion protestante.

❶ Au début et à la fin de l'extrait, Rousseau utilise des procédés stylistiques différents. Lesquels ? Ont-ils le même effet ?

❷ Relevez les éléments qui célèbrent l'héroïne agonisante.

❸ Analysez la progression des sentiments.

❹ Rousseau varie les formes du discours. Relevez-les.

❺ Diriez-vous que ce portrait baigne implicitement dans des valeurs religieuses ?

François-René de Chateaubriand, *Atala*, 1801

Fuyant les troubles de la révolution, Chateaubriand voyage en Amérique en 1791. Inspiré par ce voyage, il rédige dans des carnets l'histoire de René, un jeune Français découvrant le Nouveau Monde, qui partage avec le vieux Chactas une vie de douleur et de chagrin. Atala, une belle Amérindienne convertie au catholicisme, ne peut aimer Chactas resté fidèle aux traditions de son peuple. Ayant fait vœu de chasteté sur la demande de sa mère, elle s'empoisonne.

« Comme le dernier rayon du jour abat les vents et répand le calme dans le ciel, ainsi la parole tranquille du vieillard apaisa les passions dans le sein de mon amante. Elle ne parut plus occupée que de ma douleur, et des moyens de me faire supporter sa perte. Tantôt elle me disait qu'elle mourrait heureuse, si je lui promettais de sécher mes pleurs ; tantôt elle me parlait de ma mère, de ma patrie ; elle cherchait à me distraire de la douleur présente, en réveillant en moi une douleur passée. Elle m'exhortait à la patience, à la vertu. "Tu ne seras pas toujours malheureux, disait-elle : si le ciel t'éprouve aujourd'hui, c'est seulement pour te rendre plus compatissant aux maux des autres. Le cœur, ô Chactas, est comme ces sortes d'arbres qui ne donnent leur baume pour les blessures des hommes que lorsque le fer les a blessés eux-mêmes."

« Quand elle avait ainsi parlé, elle se tournait vers le missionnaire[1], cherchait auprès de lui le soulagement qu'elle m'avait fait éprouver, et tour à tour consolante et consolée, elle donnait et recevait la parole de vie sur la couche de la mort.

« Cependant l'ermite[2] redoublait de zèle. Ses vieux os s'étaient ranimés par l'ardeur de la charité, et toujours préparant des remèdes, rallumant le feu, rafraîchissant la couche, il faisait d'admirables discours sur Dieu et sur le

---

1. missionnaire: ecclésiastique chargé de propager sa religion. Il s'agit ici du père Aubry qui a hébergé Atala et Chactas. **2. ermite**: religieux retiré dans un lieu désert. Il s'agit toujours du même missionnaire.

bonheur des justes. Le flambeau de la religion à la main, il semblait précéder Atala dans la tombe, pour lui en montrer les secrètes merveilles. L'humble grotte était remplie de la grandeur de ce trépas chrétien, et les esprits célestes étaient, sans doute, attentifs à cette scène où la religion luttait seule contre l'amour, la jeunesse et la mort.

« Elle triomphait, cette religion divine, et l'on s'apercevait de sa victoire à une sainte tristesse qui succédait dans nos cœurs aux premiers transports des passions. Vers le milieu de la nuit, Atala sembla se ranimer pour répéter des 7 que le religieux prononçait au bord de sa couche. [...] »

François-René de Chateaubriand, *Atala*, 1801.

❶ Montrez que le clergé, par l'intermédiaire de l'ermite, est représenté positivement dans cet extrait.

❷ Quel rôle joue la nature dans cet extrait ?

❸ Énumérez les procédés utilisés par Chateaubriand pour faire d'Atala une héroïne proche de la sainteté.

❹ De quoi la « religion divine » a-t-elle triomphé ?

.... **Vers la rédaction – Analyse croisée** ....

Questions préliminaires :

❶ Comparez les quatre textes en faisant ressortir les convergences et les divergences.

❷ Quelles images de la femme se dégagent dans les quatre textes ?

❸ Quelle vision de l'amour ou du couple ?

❹ Quel comportement les femmes adoptent-elles face à la mort ? De quelle manière ce comportement contribue-t-il à illustrer les valeurs prônées par les auteurs au sujet des femmes ?

Sujet :

Faites le plan de rédaction d'un des sujets suivants :

• **Analysez la représentation de la femme dans ces quatre textes.**

• **Analysez la représentation de l'amour et de la mort.**

L'étude de l'œuvre dans une démarche plus globale

La démarche proposée ici peut précéder ou suivre l'analyse par extrait. Elle entraîne une connaissance plus synthétique de l'œuvre, met l'accent sur la compréhension du récit complet. Les deux démarches peuvent être exclusives ou complémentaires.

Pour chaque chapitre, adoptez une démarche d'analyse qui tienne compte des composantes de l'œuvre, soit :

a) l'intrigue ;

b) les personnages ;

c) la thématique ;

d) l'organisation, le style et la tonalité du récit.

Intrigue

❶ Dressez le schéma narratif du récit.

Le tableau ci-après propose une démarche pour dresser un schéma narratif après une première lecture.

❷ Faites le résumé d'un ou plusieurs chapitres en tenant compte des questions suivantes :

a) **Qui ?** Quels sont les personnages en présence ?

b) **Quoi ?** Qu'apprend-on sur eux ? Que font-ils ? Quel est l'état de leurs relations ?

c) **Quand ? Et où ?** Quelle est la situation exposée et dans quel contexte ?

d) **Comment ?** Quelles relations s'établissent entre les personnages ?

L'ingénu

Situation initiale	Nœud de l'intrigue	Situation finale
• Personnages centraux • Lieu fictif • Temps fictif	• Élément(s) déclencheur(s) • Péripétie(s)	• Résultat de la quête • Solutions apportées au problème de départ • Échec ou réussite
Les questions à poser **Qui ?** • Quel est le protagoniste principal (héros du récit) ? • Quels sont les autres personnages principaux ? • Comment se présentent-ils ou sont-ils décrits ? **Où ?** • Quel est le lieu de l'intrigue (pays, ville, etc.) ? **Quand ?** • À quel moment, à quelle époque ? **Pourquoi ?** • Quel semble être l'objet de la quête ? Que recherche le héros ?	**Les questions à poser** **Quoi ?** • Quel est l'élément déclencheur de l'action qui rompt l'équilibre initial ? • Comment le repérer ? Observez notamment les marqueurs de temps : ce jour-là, soudainement, tout à coup, etc. **Comment ?** • Comment le personnage cherche-t-il à échapper au danger ou à la menace ? • Quelles sont les principales péripéties ? • Comment les autres personnages se situent-ils par rapport à la quête du héros (adjuvants*, opposants*, etc.) ? • Comment repérer les péripéties ? Observez notamment les conjonctions ou les adverbes suivants : mais, alors, puis, ensuite, etc.	**Les questions à poser** À quoi aboutit la quête du héros ? • Comment se situe le héros par rapport aux autres personnages ayant participé à sa quête ? • Le héros a-t-il atteint son but ou échoué ?

170

* : Cf. Glossaire

e) **Pourquoi ?** Quel est l'objet de leur quête ? Quels moyens prennent-ils pour atteindre ce but ?

Personnages

Les personnages principaux

❶ Au fil du conte, comment évoluent les personnages principaux, soit l'abbé de Kerkabon, l'Ingénu et la belle Saint-Yves ? Quel portrait peut-on faire d'eux ?

Pour répondre à ces questions, suivez la démarche proposée ci-dessous :

a) Faites la description de l'abbé de Kerkabon, de l'Ingénu et de la belle Saint-Yves en fonction des aspects suivants :

   a. physique ;

   b. psychologique ;

   c. social (milieu et classe sociale, profession) ;

   d. idéologique (valeurs et croyances).

b) Observez leur comportement dans quelques chapitres où ils apparaissent. Posez-vous les questions suivantes pour mieux les cerner :

   a. Que pensent-ils ? Que ressentent-ils ?

   b. Que disent-ils ?

   c. Que font-ils ?

   d. Comment se comportent-ils avec les autres personnages ? Quelle est la dynamique de leurs relations ?

   e. Dans quelle direction évoluent-ils ? Quelles sont les étapes marquantes de cette évolution ?

❷ Quels personnages Voltaire a-t-il choisi comme véhicules de son esprit critique ? Justifiez vos choix.

Les personnages secondaires

❸ Au fil de son conte, quel rôle ou quelles valeurs Voltaire associe-t-il à chacun des personnages secondaires, soit :

a) Le janséniste Gordon, mademoiselle de Kerkabon, le bailli, le père Tout-à-tous, Saint-Pouange ?

b) Quels sont les personnages qui, dans l'ensemble de l'œuvre, ont été retenus pour représenter les groupes sociaux suivants :

a. le clergé ?

b. les bourgeois ?

c. les religieux ?

d. les nobles ?

c) Quel(s) effet(s) suscite chaque personnage principal sur le lecteur ? Tenez compte des possibilités suivantes et justifiez votre réponse :

a. le rire ;

b. la compassion ;

c. l'admiration ou la haine ;

d. le respect ou l'indifférence ;

e. le désir d'identification.

Thématique

❶ Parmi les éléments suivants, dégagez les réseaux thématiques (ou le thème du réseau) qui semblent prédominer dans un ou plusieurs chapitres :

a) l'exil, le voyage ;

b) l'apprentissage ;

c) la condition du sauvage et celle du civilisé ;

d) la liberté, la domination ;

e) la religion;

f) le pouvoir;

g) la mort, le suicide;

h) l'amour.

Organisation du conte, style et tonalité*

❶ Identifiez les chapitres qui correspondent aux étapes suivantes du récit:

a) Situation initiale et élément perturbateur.

b) Péripéties.

c) Situation finale.

❷ Analysez le mode de composition de *L'ingénu*: mode de narration, dynamique des personnages, liens entre les événements et entre les chapitres, rapport au temps et à l'espace, etc.

❸ Par rapport à la situation finale, peut-on dire:

a) qu'elle clôt définitivement l'œuvre et résout la problématique?

b) qu'elle sert une morale ou une philosophie de la vie?

c) qu'elle illustre une évolution des personnages?

❹ Montrez que l'œuvre illustre une grande variation de tons en tenant compte notamment des possibilités suivantes: ton réaliste (porté vers la vraisemblance), satirique ou pathétique.

* : *Cf.* Glossaire

sujets d'analyse et de dissertation

Plusieurs pistes d'analyse portant sur l'œuvre complète sont maintenant disponibles, et certaines plus faciles à emprunter que d'autres. Pour favoriser votre progression vers le plan, les premiers exemples ont été partiellement planifiés (comme suggestion d'exercices : compléter ou détailler ces plans) ; en revanche, les derniers sujets laissent toute la place à l'initiative personnelle.

❶ Dans *L'ingénu*, Voltaire défend une attitude qui lui est chère, la tolérance.

.... **Introduction** ....

Sujet amené : puisez une idée dans la biographie de Voltaire ou dans le contexte historique du XVIIIe siècle.

Sujet posé : reformulez le sujet en situant les différents thèmes du conte.

Sujet divisé : prévoyez un court résumé et annoncez les idées directrices des trois paragraphes du développement.

.... **Développement** ....

- Dans le premier paragraphe, répertoriez un certain nombre d'inégalités sociales dénoncées par Voltaire.

- Dans le deuxième paragraphe, tracez le portrait fait par Voltaire des autorités religieuses et de leur immoralité.

- (Facultatif) Dans le troisième paragraphe, montrez que, selon Voltaire, le rang social pousse les gens au mal.

.... **Conclusion** ....

- Idée synthèse : voyez à maintenir l'intérêt du lecteur en rapportant les idées essentielles du texte.
- Idée d'ouverture : situez l'œuvre dans le contexte d'aujourd'hui.

❷ **Démontrez que le personnage du Huron reprend plusieurs caractéristiques du philosophe des Lumières.**

Voici quelques questions pour vous aider à dégager les idées directrices :

- Qu'est-ce qu'un philosophe des Lumières ?
- Quelles sont les valeurs qui animent ce siècle ?
- Quels sont les épisodes où l'intelligence de l'Ingénu est mise en valeur ?
- Quels sont les attributs de l'Ingénu qui le rapprochent du modèle du philosophe ?

❸ **Montrez que, dans *L'ingénu*, Voltaire critique l'alliance du politique avec le religieux.**

❹ **Montrez en quoi Voltaire critique la justice de l'époque.**

❺ **Dans le conte, les femmes sont associées aux émotions. Démontrez-le.**

❻ **Dans *L'ingénu*, Voltaire se moque à la fois des Français et des Anglais. Faites-en la démonstration.**

❼ **Dégagez les préjugés que Voltaire dénonce dans son texte.**

❽ **Expliquez en quoi *L'ingénu* illustre les caractéristiques du conte philosophique.**

❾ **Expliquez l'influence des autres genres littéraires.**

❿ **Analysez l'emploi des différents registres* humoristiques dans l'œuvre.**

⓫ **Analysez la satire du clergé.**

* : *Cf. Glossaire*

⑫ Avec *L'ingénu*, Voltaire s'inscrit dans la tradition du roman sentimental qui présente un amour impossible. Justifiez cette affirmation.

⑬ Analysez la représentation de l'Ancien Monde et du Nouveau Monde dans l'œuvre.

⑭ Montrez que le portrait du Huron oscille entre vraisemblance et invraisemblance.

⑮ Montrez que les personnages du conte sont conçus avant tout pour servir les intentions de Voltaire.

⑯ Expliquez en quoi le conte *L'ingénu* est représentatif de son époque tout en étant d'actualité.

⑰ Commentez la citation suivante : « Voltaire fait observer la société française par un étranger [...] qui lui permet de saisir des anomalies, des excès, des contradictions que les consciences françaises ne voient pas » (Éric Le Grandic, *L'ingénu*, Hachette, Bibliolycée, 2006, p. 181).

Glossaire

Pour étudier le conte : lexique de base et autres termes

Adjuvant : élément qui aide le héros dans ses actions (personnage, chose, événement).

Autobiographie : genre littéraire où l'auteur est le personnage principal.

Bienséance : ensemble des règles qu'il convient de respecter.

Burlesque : parodie* du registre épique : on fait parler et agir des héros nobles de manière vulgaire, dans l'intention de faire rire.

Casuiste : les jésuites, partisans du molinisme*, sont des casuistes : ils entendent juger de la gravité des péchés en fonction de chaque cas personnel. Cette pratique, qui conduit à trouver des circonstances atténuantes, est la « casuistique ».

Dogmatisme : attitude qui consiste à faire de ses propres convictions des vérités incontestables, à refuser la discussion et l'analyse critique.

Dogme : point d'une doctrine philosophique ou d'une religion considéré comme une vérité incontestable et fondamentale. Le dogme doit être appris, respecté, et ne doit pas être discuté.

Épicurien : relatif à l'épicurisme, une philosophie qui prône la recherche du plaisir (doctrine du philosophe grec Épicure).

Épistolaire : qui appartient au genre de la lettre (correspondances éditées en tant qu'œuvres littéraires).

Éponyme : qui donne son nom à une œuvre.

Épopée : long poème ou vaste récit en prose narrant les exploits d'un héros ou d'un peuple, et souvent teinté de merveilleux*.

Extrémisme religieux : vision radicale d'une doctrine religieuse qui s'impose dans toutes les sphères de la société.

Fanatisme : adhésion exaltée à une religion ou à une idéologie.

Focalisation : voir Point de vue

Grivois : ton ou plaisanterie licencieux, faisant allusion à la sexualité.

Incipit : mot latin signifiant « (il) commence », il désigne le premier vers d'un poème, puis par extension le début d'un ouvrage littéraire.

Ironie : manière de se moquer en laissant entendre le contraire de ce que l'on dit.

Janséniste : défenseur du jansénisme, doctrine religieuse de Cornelius Jansen (1585-1638), ou Jansénius, qui s'inspire de saint Augustin. Le jansénisme proclame que la grâce (don de Dieu qui permet de mener une vie pieuse) n'est donnée qu'à un petit nombre d'élus dont le salut de l'âme est garanti, et que la nature humaine est marquée par le péché originel.

Jésuites : membres de la Compagnie de Jésus fondée en 1540 par Ignace de Loyola dans le but de redonner à l'Église catholique tout son pouvoir.

Merveilleux : le merveilleux se caractérise par la présence d'un décor et d'événements surnaturels qui, à la différence du fantastique, ne suscitent aucun trouble chez le lecteur.

Moliniste : défenseur du molinisme, doctrine fondée par le jésuite espagnol Luis Molina en 1588 dans son *De concordia*, totalement opposée à la doctrine janséniste. Le molinisme soutient que la grâce divine est donnée à tout croyant, pourvu qu'il se repente sincèrement de ses fautes.

Monarchie absolue : État gouverné par un roi qui hérite du pouvoir sans être élu, qui considère le tenir de droit divin et n'avoir de compte à rendre qu'à Dieu.

Monarchie constitutionnelle : type de régime politique qui reconnaît un monarque élu ou héréditaire comme chef de l'État, mais où une constitution limite les pouvoirs du monarque.

Opposant : élément qui nuit au héros dans ses actions (personnage, chose, événement).

Parodie, parodier : imitation sur un mode comique d'un genre ou d'une œuvre.

Pathétique : registre destiné à éveiller une forte émotion.

Picaresque : qui a les caractéristiques d'un genre littéraire espagnol décrivant les aventures de héros populaires aux prises avec toutes sortes de difficultés, et critiquant les mœurs et l'ordre établi.

Point de vue (focalisation) : point d'où sont vus les événements racontés. Si le point de vue adopté est celui d'un des personnages de l'action, on parle de **focalisation interne**. Si le narrateur reste extérieur à l'histoire et ne raconte que ce qui a pu arriver jusqu'à lui, on parle de **focalisation externe**. Si le narrateur se présente comme omniscient et explique tout au lecteur (la psychologie des personnages, des actions qu'ils devraient être les seuls à connaître…), on parle de **focalisation degré zéro**.

Polémique : qui est relatif aux positions contradictoires, aux disputes, aux querelles.

Protagoniste : personnage principal d'une pièce de théâtre et, par extension, d'un récit.

Réalisme : parti pris esthétique qui privilégie une représentation exacte de la réalité.

Registre : manifestation par le langage d'une catégorie majeure de l'émotion, de la sensibilité et de la volonté humaines. Ainsi, à chaque registre correspond une grande attitude émotionnelle ou intellectuelle : émouvoir, faire pleurer (registre **pathétique**), célébrer ou déprécier (registre **épidictique**), critiquer plaisamment (registres **satirique** et **ironique**), critiquer sérieusement et violemment (registre **polémique**), exprimer et provoquer la peur (registre fantastique), expliquer ou démontrer (registre **didactique**), faire rire ou sourire (registre **comique**), amplifier, exagérer un événement (registre **épique**), exprimer ses sentiments intimes (registre **lyrique**). Les registres sont en relationavec un genre : comédie et registre comique, épopée et registre épique, poésie lyrique et registre lyrique. Mais ils peuvent être présents dans d'autres genres : registre comique dans un poème.

Satirique : relatif à la satire, écrit qui tourne en dérision les choses ou les gens qu'il critique.

Stoïcisme : philosophie de la Grèce antique qui recommande l'acceptation sereine des coups du sort et le détachement vis-à-vis aussi bien des souffrances que des plaisirs.

Tonalité : voir Registre.

Tragédie : pièce de théâtre mettant en scène des personnages importants, et qui suscite chez le spectateur des émotions vives comme la pitié et la terreur. Elle culmine généralement par la mort d'un des protagonistes*.

Zadig : personnage éponyme* de *Zadig ou la Destinée*, conte écrit par Voltaire en 1748.

Bibliographie

Ouvrages critiques sur Voltaire

– Marie-Hélène Dumestre, *Le conte philosophique voltairien*, coll. «Profil littéraire», n° 181, Hatier, 1995.
– Jean Goldzink, *Voltaire de A. à V.*, Hachette, 1994.
– René Pomeau, *Voltaire*, coll. «Écrivain de toujours», Seuil, 1994.
– Jean Starobinski, *Le remède dans le mal*, coll. «Essais», Gallimard, 1989.
– Jacques Van Den Heuvel, *Voltaire dans ses contes*, Armand Colin, 1967.

Pour mieux comprendre *L'ingénu*

– Voltaire, *Romans et contes*, Garnier-Flammarion, 1966 (chronologie, préface et notes de René Pomeau).
– Voltaire, *Romans et contes* (2 volumes), coll. «Folio Classique», Gallimard, 1992 (postface de Roland Barthes).

Pour mieux comprendre le XVIIIe siècle

– Jeanne et Michel Charpentier, *Littérature XVIIIe siècle : textes et documents*, coll. «Henri Mitterand», Nathan, 1987.
– René Pomeau et Jean Ehrard, *Histoire de la littérature française*, «*De Fénelon à Voltaire*», coll. «GF», n° 961 (vol. 5), Flammarion, 1998.
– Marivaux, *Le jeu de l'amour et du hasard*, 1730.
– Denis Diderot, *La religieuse*, 1760 (date de rédaction).
– Denis Diderot, *Supplément au Voyage de Bougainville*, 1772 (date de rédaction).

Dans la même collection

Tristan et Iseut

BALZAC
La Peau de chagrin

BAUDELAIRE
Les Fleurs du mal

CAMUS
L'Étranger

CORNEILLE
Le Cid

GAUTIER
Contes fantastiques

HUGO
Les Misérables

MARIVAUX
Le Jeu de l'amour et du hasard

MOLIÈRE
Dom Juan
Les Femmes savantes
Le Misanthrope

MUSSET
On ne badine pas avec l'amour

RACINE
Phèdre

VIAN
L'Écume des jours

VOLTAIRE
Candide
Zadig

ZOLA ET MAUPASSANT
Nouvelles réalistes